九二一重建政策解析

（Policy Analysis on 921 Reconstruction）

鍾起岱 著

中華民國九十二年五月

序

　　如果說時代改變了傳統，那九二一大地震也改變了台灣的歷史，更創造了許多新的價值與新的思惟，回顧九二一災後重建的艱辛歷程，我們不僅看到了強震所帶來的傷口，也看到了災區的蛻變與台灣的希望。

　　將近四年的時間，各級政府沒有黨派之見的接棒重建，重建區民眾沒有省籍情結的攜手同心，民間團隊的無私奉獻，地震後的重建故鄉，不僅更美、更有品質，而且更有自信。本人深信重建工程的長路漫漫終將有了甜美的果實；災區居民的的恐懼茫然也終將成過去；離九二一傷口完全癒合之期必然不遠。

　　台灣人民，婆娑之島，藉著九二一重建機會，創造出許多可以分享的經驗典範，讓生命展現笑容，《災後重建》不僅在重建區、也在全台灣社會編織出一頁新舊世紀奮鬥的交響詩。

　　當九二一地震發生伊始，我即應中央研究院李遠哲院長的邀請，擔任災後重建民間諮詢團的執行長，協助政府進行災後的搶救、安置、調查、聯繫、督促與專業諮詢工作；民國八十九年五月，台灣首次政黨輪替，本人離開待了近二十

五年的學術界，受聘擔任行政院政務委員，並即時受命負責重建工作，一下子從民間的協助角色轉為官方的主政角色，也認真體驗到震災後的重建工作，以《千頭萬緒》尚不足以形容其間的複雜性與困難度，如何銜接政府重建工作、呼應民間重建的呼聲，成為新政府的重要課題。五月卅一日，我電請與我從未謀面、也毫無認識、據稱具有規劃長才、時任台灣省政府資料室主任的鍾起岱先生，擔任行政院九二一重建會的企劃處長一職，六月一日陳總統南下中興新村為九二一重建推動委員會揭牌，也展開了我與鍾君將近兩年的重建共事經驗。

　　九二一重建，可以說是台灣史無前例最大規模的救災、動員、安置與重建工作。重建委員會要動起來，事權統一、功能導向是推動重建的基本原則，法令到位、人員到位、經費到位，缺一不可，其中《創意》與《議題創設》能力，更成為重建推動者不可或缺的重要素養之一。

　　在這一段艱苦備嚐的重建過程中，鍾君展現出長於思考的規劃長才，包括：重建綱要計畫的落實、重建願景的推出、重建政策說帖、重建暫行條例的修正、各部會主秘與縣市控管機制的建立、重建會的 921 Logo、弱勢災民的關懷認同卡、重建替代役的規劃、震災週年紀念活動，乃至於民間重建貢獻獎的創設，還有九二一地震資料陳列展示室、九二一重建績效陳列室、九二一影音資料中心、九二一圖書資料中心的設置與九二一地震資料數位知識庫的建立等等，鍾博士

可以說是其中最重要貢獻者之一。

　　鍾博士不僅有很好學識，也是一位擁有豐富實務經驗的行政工作者，我與鍾君的共事時間雖然只有短短不到兩年，但這兩年我們所共同努力過的痕跡，可能遠遠超過兩年的時間。去年鍾君在完成階段性任務，回到原來的工作崗位後，仍不忘整理耙梳其中龐雜的政策資料，並以其參贊九二一重建公共政策的經驗與心得，寫成《九二一重建政策解析》一書，請余題序，拜讀之後，深覺本書指涉廣泛、內容精實，可讀性很高，不僅可作為目前仍孜孜於重建崗位者的工作參考，更可以提供各界有志研究危機管理及九二一重建政策的重要參考，故樂於卷首爰略綴數語為序。

黃榮村 謹識

中華民國九十二年五月於教育部

自　序

　　危機通常是指突發事件的轉折或關鍵，災變則是因天然或人為災難而造成的變故；災變管理或危機管理是一種為求迅速復原而有智慧與計畫地應變以控制危機之管理技術。現代社會由於都市化與人口的集中，各種人為或天然災害層出不窮，危機處理能力成為檢定一個組織或政府施政能力的重要指標。

　　九二一大地震發生至今已將近四年，受災民眾逐漸撫平傷痛，家園重建亦逐步完成，回顧這世紀災變，因著同胞的關懷，有錢出錢、有力出力，不僅受災同胞重拾信心，冷漠已久的台灣社會，也因而在災變中重新找回社會的溫暖與活力。

　　因著九二一大地震，先是總統於民國八十八年九月二十五日以華總一義字第八八○○二二八四四○令發布《緊急命令》，行政院隨即於民國八十八年十月二十二日台八十八規字第三九○七七號令發布《中華民國八十八年九月二十五日緊急命令執行要點》，民國八十九年二月三日總統以華總一義字第八九○○○二九七三○號令制定公布《九二一震災重建暫行條例》，用以銜接緊急命令。

　　幾年間各種九二一論述隨之風湧而生，如李遠哲

（2000）、黃榮村（1999）、劉兆玄（2000）、謝志誠（2001）、謝國興（2001）、江大樹（2001）、邱昌泰（2000）、孫同文（2001）、廖俊松（2002）等教授先進均有極為精闢的論述；而因此產生的博、碩士論文，估計已經超過七十篇，官方出版品亦如汗牛充棟，九二一的研究已逐漸為各界所重視。

　　本書名為《九二一重建政策解析》，基本上是以災變管理的角度，藉由客觀的事實呈現，從近距離的政策觀察來了解九二一大地震發生至今的種種政策變遷與利弊得失，期望有勵來茲。全書共有十二章，約十四萬餘字，包括：第一章緒論；第二章災變管理理論；第三章地震災情與重建策略；第四章啟動災後重建：從蕭內閣到唐內閣；第五章落實災後重建：困難、問題與解決；第六章重建績效考核制度的建立；第七章非營利性組織：重建區民間工作團隊；第八章台灣九二一震災史料的蒐集與運用；第九章九二一重建暫行條例的啟動與修正；第十章九二一重建相關課題與對策；第十一章重建區振興計畫；第十二章代結論；書後並附有總統緊急命令、緊急命令執行要點、九二一震災重建暫行條例以供參考。

　　西元 2000 年 5 月，台灣首次政黨輪替之後，行政院九二一震災災後重建推動委員會重新啟動成立，個人也風雲際會的擔任了兩年一個月的企劃處長，追隨黃榮村、陳錦煌、蔡清彥三位政務委員的腳步，在重建過程中學習成長，獲益良多。

　　而曾經擔任該會副執行長的林政務委員盛豐、營建署柯

署長鄉黨、林署長益厚、公共工程委員會郭副主委清江、教育部吳主秘聰能等長官對個人的指導,更令人難忘。

　　作為一個《業餘》的公共政策的研究者,有機會參與這樣的工作,同時檢視這樣的一個過程,毋寧是極有為有趣與有意義的事情,因此,本書的完成,應歸功於兩年一個月與筆者共事的重建夥伴。而本書又蒙曾任重建會執行長的教育部黃部長榮村博士題序,鼓勵有加,更讓本書增色。書中有許多精采的照片是由重建的小夥伴柯泰至先生提供,在此一併致謝。

　　最後要特別感謝九二一重建會的研究補助,秀威資訊的協助出版,讓這本小書可以誕生。由於個人才疏學淺,本書疏漏、不足之處,必然不少,尚期先進、方家給予教正。

鍾 起 岱 謹識

西元二○○三年五月於南投

目次

第一章　緒論

第一節　災難與人生

　　從古到今，人類即經常遭受各種天然與人為災害威脅，《災》字從水、從火，所謂《水火無情》，可見古人對水火的敬畏，除了水火之外，地震、風災、雨災、旱災、兵災、疫災、化學災害及各種人為或天然的災害，更成為人類的一大殺手。兩、三百年來，又因全球性的都市化程度日增，人口的增加與人類聚落的集中，再加上環保、生態、經濟、政治乃至生存衝突等問題日益嚴重等等因素，各式各樣的災變一旦發生災害，對國家、社會、政治、經濟之發展，乃至人民生存、生命與生活都造成嚴重之衝擊。

　　災變可以說伴隨著人類生生世世，古代的中國人以乾、坤、艮、兌、震、巽、坎、離八卦來代表自然界的天、地、山、澤、雷、風、水、火；其中《震》卦，為土地裂開之象，易經說：震卦，震驚百里，驚遠而懼邇，君子以恐懼修省（註1）。災變則是毋妄之災，易經《無妄卦》寫成《毋妄》，上乾而下震，有晴天霹靂之意，易經說，毋妄之災，或繫之牛，行人得之，邑人之災。這些文字記載，說明當時中國人面對災變採取的是一種自省的方式來應對。

　　二十世紀以前的災難，由於消息傳遞不易，再加上執政者有時有意的封鎖，其影響層面往往有其侷限性。現代社會，每發生一次災難，包括救災、災民照顧、災後復建、政府責任、救災機制等等，都會被提出檢討，在災變的過程中，媒體扮演著舉足輕重的地位，一發生災

變，大量媒體工作者無視生命安全，大量湧入災區的現象，固然有助於災難相關訊息的傳播，卻也常常衍生出許多爭議，諸如救災工具使用的爭議、救災還是妨害救災的爭議、乃至道德上的爭議等等（註2），不僅加速災難新聞的傳播，有時也無形中加重災難影響層面。

　　例如，九二一大地震發生後，政府雖然制定了《九二一震災重建暫行條例》，也以任務編組專責方式成立了《九二一震災災後重建推動委員會》，為了強化救難機制，統籌、調度國內外各搜救單位資源，迅速執行災害搜救及緊急救護之運送任務，於行政院災害防救委員會、消防署之外，又成立了《行政院國家搜救指揮中心》，專責辦理各項緊急救援、搜救、運送等事項，其用心不能說沒有，但常因媒體報導的求好心切，而受到影響。

　　九二一大地震發生初期，有媒體報導＜房屋鑑定搞不清、申請表格填不完、緊急命令顯然未革除官僚的衙門心態＞，也有以災區調查採訪為題，報導＜賑災捐款氾濫，有人被剝數層皮＞，這些無疑加重人民對政府的負面評價；西元2000年5月，民進黨執政後，行政院重新成立九二一震災災後重建推動委員會，並指派學者出身的黃榮村先生擔任執行長，媒體則稱＜震災重建，黃榮村掛帥西征＞，似乎讓人民對震災重建重新燃起一絲希望，可見媒體的影響力（註3）。

第二節　災難與台灣

　　古代人類對於天災的觀察，雖不能說是《無知》，但所知與今日相比，確實相差很大。以地震（Earth shake；Earthquake）來說，中國人說地震為《地牛翻身》，蒙古人說地震為《青蛙翻身》，日本人認為地

震為《地魚翻身》，印尼人則說地震為《地豬翻身》；不同的民族用不同的動物象徵去感受驚天動地的一震。地震因何而發生，人類直至 1906 年的舊金山大地震，才成功的發展出《彈性反跳理論 Elastic Rebound Hypothesis，Rebound Theory of Earthquake 》（註 4），對地震的成因也開始有系統性的了解。

在風雨災害方面，依據中央氣象局統計，從 1897 年至 1998 年間，台灣曾受到 364 次的颱風侵襲，平均每年達 3.6 次之多。其中在 1981 年至 1998 年的 18 年期間，颱風及豪雨的災害更多達 78 次。

在山坡地災害方面，民國 57 年至民國 75 年的 19 年期間，臺灣北部因崩塌而喪生者 134 人，其所佔人口的比率超過美國甚多，過去 20 年重大崩塌災害，以臺北、基隆市最多。

又如地盤下陷方面，過去數十年間，臺灣若干沿海地區，由於地下水的過度抽汲，已經造成了嚴重的地盤下陷。在這些地盤下陷地區，高潮期間已經常有海水倒灌發生，導致嚴重的災害。依據調查，臺灣地盤下陷的面積已達 1,097 平方公里，約佔總面積的 3%，為平地面積的 9%。這些災害的發生以及造成的生命、財產損失，實在難以估計。

台灣位於歐亞大陸、菲律賓與太平洋三大板塊之間，每年由於板塊移動與東亞太平洋地震釋放的能量高居世界各地區之冠，依據資料顯示，台灣每隔三、四十年就會發生一次大規模的強震，任何人一生當中，都至少會碰到一次，如果活得過久的話，甚至會碰到二、三次。據史冊記載自明崇禎 17 年（西元 1644 年）至民國 70 年（1981 年）台灣共發生有災情的地震計 109 次，其中以 1848、1820、1862、1906、1935 年都是強烈地震。

在地震災害方面，臺灣在 1900 年以前有紀錄可考之致災地震有 50 多次，自 1900 年以來，所發生之成災地震達 83 次之多，幾近於每年有一次，在歷年統計中因震災而死亡之人數超過 5,000 人。以日治時期的三次大地震而言，1906 年 317 嘉義大地震，規模 7.1，總計有 3643 人傷亡，20987 棟房屋倒毀；1935 年 421 新竹台中大地震，發生於苗栗關刀山附近之烈震，不但引起山崩地裂、房屋倒塌，而且造成台中、新竹地區死亡 3422 人，重傷 11833 人，房屋毀損 61685 棟；1941 年 1217 嘉義大地震，共有 1091 人傷亡，15606 棟房屋倒毀，其損失令人戰慄（註 5）。1964 年發生在台南楠西附近之白河烈震，其災害雖不若 1935 年烈震慘重，但亦造成百餘人喪生，650 人受傷、全倒與半倒的房屋達 35,000 餘棟之多。

1998 年 7 月 17 日嘉義縣梅山鄉瑞里村附近發芮氏規模 6.2 之地震，造成 5 人死亡、28 人受傷。

1999 年 9 月 21 日凌晨 1 時 47 分 16 秒，芮氏規模 7.3 的集集大地震更造成 2,500 餘人死亡與失蹤、11,000 多人受傷、直接財物損失逾 3,600 億元、社、經間接損失難以估計，對台灣社會造成重大衝擊（圖 1-1）。特別是這次地震災害發生在過去地震活動並不顯著的地區，斷層破裂長度超過 100 公里，斷層錯動量高達 8-9 公尺，由於屬於逆衝斷層，在斷層線以東的上盤地區水平加速度達 0.4g 以上，斷層線以西的下盤地區則在 0.2g 以下，相差懸殊，造成台中、南投、雲林等地區，山區多處山崩及走山現象；而濱海地區則又造成地層下陷及土壤液化現象（註 6）。

圖 1-1　九二一大地震激起民眾對地震的重視

第三節　九二一與危機管理研究

危機通常是指突發事件的轉折或關鍵，災變則是因天然或人為災難而造成的變故；災變管理或危機管理是一種為求迅速復原而有智慧與計畫地應變以控制危機之管理技術。現代社會由於都市化與人口的集中，各種人為或天然災害而需負擔的潛在成本逐年增加；危機處理能力成為檢定一個組織或政府施政能力的重要指標。災變管理（Disaster Management）、風險管理(Risk Management)及緊急事件管理(Emergency Management)理論乃因應而生。

所謂災變管理學主要是討論災變管理的性質、意義、方法以及災變重建變遷過程中的因果關係；這些理論探討團體、個人或組織，面臨或可能面臨之急迫而又關係成敗之重大事件，如何採取適當行動，加以化解、控制或消除，以減少損失或不利影響之過程。

災變管理或危機管理最重要之目標是要使社會或組織在歷經任何

可預見之意外損失後仍能生存下去，面對不可預見之重大災變仍能繼續運作。災變管理的觀察主要來自兩種角度，第一是由系統的觀點來觀察災變過程中重要的關鍵要素，及要素間的互動關係，此稱為系統論；第二種角度是從一個系統之外對於該系統所做的論述，稱為後設論(metatheory)。

九二一大地震發生至今已超過三年，受災民眾逐漸撫平傷痛之後，家園重建亦正逐步完成，回顧這世紀災變之後，因著同胞的關懷，有錢出錢、有力出力，不僅受災同胞重拾信心，冷漠已久的台灣社會，也因而在災變中重新找回社會的溫暖與活力，作為一個公共政策的研究者，檢視這樣的一個過程，毋寧是極有意義的事情。

因著九二一大地震，各種論述隨之而生，例如黃榮村教授（1999）曾從災變發生開始後政府作為來觀察，將救災重建，區分為救災、安置與重建三個階段；李遠哲院長（2000），曾從民間的角度，提出災後重建工作小組報告，劉兆玄副院長（2000）在政黨輪替之際，提出九二一震災災害及處理情形總結報告，江大樹（2001）教授的府際關係與震災重建，邱昌泰（2000）教授的災難管理學等等，而在官方出版品中亦如汗牛充棟，如台灣省政府文獻會（2000）的九二一集集大地震救災紀實，各種週年紀念的研討會亦紛紛有專輯出現，可以說九二一的研究已逐漸為各界所重視。

第四節　本書基本架構

九二一震災的災後重建跨越二十與二十一兩個世紀之交，也橫跨政黨輪替的時代，天災地變人民也許無可奈何，但政府卻不能無動於

衷，陰霾總會逐漸消退，但重建卻不能打一點折扣，所謂文明的締造，建立在環境的挑戰上，面對大地震，我們不能不感受到大自然力量的震撼，面對重建過程，也許我們可以學到許多寶貴的智慧與啟示，這正是撰寫本書最大的原動力。

　　本書以災變管理的角度，藉由客觀的事實呈現，從近距離的政策觀察來了解九二一大地震發生至今的種種政策變遷與利弊得失，期望有勵來茲。全書共有十二章，包括：第一章緒論；第二章災變管理理論；第三章地震災情與重建策略；第四章啟動災後重建：從蕭內閣到唐內閣；第五章落實災後重建：困難、問題與解決；第六章重建績效考核制度的建立；第七章非營利性組織：重建區民間工作團隊；第八章台灣九二一震災史料的蒐集與運用；第九章九二一重建暫行條例的啟動與修正；第十章九二一重建相關課題與對策；第十一章重建區振興計畫；第十二章代結論。章節安排如下：

　　第一章　緒論。內容將災難與人生、災難與台灣及本書大意。

　　第二章　災變管理理論。內容將包括各種災變管理的立論基礎，如依事件發生過程而立論的危機產生論；依危機對人類社會的影響而立論的危機發展論；從危機管理的角度來觀察的危機管理論等等理論的背景與要旨，同時並介紹美、日及我國之緊急應變機制。

　　第三章　地震災情與重建策略。內容將包括九二一大地震災情、特殊性與新政府重建策略解析等等。

　　第四章　啟動災後重建：從蕭內閣到唐內閣。內容將包括從國民黨蕭內閣主政時期的救災安置政策以及民進黨政府執政初期的安置重建政策及其比較。

　　第五章　落實災後重建：困難、問題與解決。內容包括：民間的
幾個觀點、政府災區重建觀點的演進、災後重建工作目標與災區重建
面臨問題。

　　第六章　九二一重建績效考核制度之建立。內容包括：政策評估
日趨重要、績效評估之意義與功能、摸索中前進的控管機制、九二一
災後重建執行概況與重建績效考核制度之建立。

　　第七章　非營利性組織：重建區民間工作團隊。內容包括：重建
區文史工作團隊，特別是在地工作團隊的運作，並從非營利組織的觀
點，來探討九二一重建區民間工作團隊的發展與限制。

　　第八章　九二一震災史料的蒐集與運用。內容包括：記錄九二一
這段國人的共同記憶的「九二一地震檔案數位知識庫」，從推動地震歷
史檔案的分類和蒐集開始，從資料中瞭解事件的脈絡；透過歷史檔案
的研究和分析，從歷史中粹取經驗。

　　第九章　九二一災後重建暫行條例的啟動與修正。內容包括：地
震發生伊始，總統發布的＜緊急命令＞，行政院＜緊急命令執行要點
＞以及「九二一震災重建暫行條例」，此三者為作為互相銜接及推動災
後重建工作之法制基礎。惟條例公布之後，有關災區地籍測量之實施、
集合式住宅之重建、促進災區失業者就業措施、安置受災戶用地之取
得等等問題，仍亟待解決，為因應災區民眾之重建需求及切合重建區
現況，以期更有效推動災後各項重建工作，該條例曾兩次修正，本章
由法制的擬、修過程分析來探討重建的不同階段的重建策略。

　　第十章　九二一重建相關課題與對策。內容包括：民間捐款及運
用、天然災害之救助、重建區建築管理、古蹟及歷史建築重建、重建

區十地重測與開發等。

　　第十一章　重建區振興計畫。內容包括為因應後重建時期的業務銜接，行政部門重建振興計畫的提出、計畫目標與策略、觀光休閒產業的振興、地方產業競爭力的提昇、建設與自然和諧共存的生活環境、社區總體營造的繼續推動及推動策略等。

　　第十二章　代結論。在九二一重建過程中，藉由重建的深化，發展出種種的互動與學習機制與經驗，形成信任與協力伙伴關係。

註釋：

1.　參見易經。

2.　請參考財團法人公共電視文化事業基金會（2000）：災難報導與媒體的公共責任座談會。民國 89 年 9 月。

3.　以上兩則報導參見聯合報民國 88 年 10 月 14 日及中國時報民國 89 年 5 月 23 日。

4.　彈性反跳理論認為地底下的岩石是一種彈性體（Elastic Body），如同彈簧一般可以被壓縮而變形，在被壓縮的同時，岩層會以變形的型態儲存能量，一但儲存能量超過岩層能負荷的強度時，岩層便會斷裂，同時釋出能量，造成地震。請參考石瑞銓（2002）：台灣活斷層。行政院九二一重建委員會（2002）：防災及災變管理研習班講義。行政院九二一重建委員會。民國 91 年 5 月。

5.　請參考：森宣雄、吳瑞雲（2000）：台灣大地震：1935 年中部大震災紀實。台北：遠流出版公司。及台灣總督府（1999）：昭和十年台灣震災

誌。台北：南天書局。

6. 請參考蔡義本主編（1999）：地震大解剖。台北市：牛頓出版公司。

第二章　災變管理理論

第一節　危機與災變

一、危機的雙重意義

　　＜危機 Crisis＞，就中文字義而言，有《危險》與《機會》的雙重意義，也就是說《在危機中看到機會》或是《在機會中看到危險》。就《事》來說，危機通常是指突發事件的轉折或關鍵。就《人》來說，危機可能是生死成敗的緊要關頭，命運的轉戾點、決定性時刻之意（註1）。災變有因天然或人為災難而造成的變故之意，當危機或災變發生時，人類試圖加以控制或解決的種種作為，我們都可以稱為《危機管理》或《災變管理》。

　　近幾年來，國內外發生的各種危機或災變，諸如核能輻射外洩事件、化學工廠毒氣外洩事件、金融風暴、空難事件、恐怖攻擊事件等等，著名的有 2001 年發生在美國紐約的九一一恐怖攻擊事件、1999年台灣九二一大地震、1997 年的台北汐止林肯大郡事件、1996 年的賀伯風災事件、1995 年的美國奧克拉荷馬市聯邦大樓爆炸事件、1995 年的台中衛爾康餐廳大火事件，這些天災人禍層出不窮，危機處理得當，可以降低危機帶來的損害，危機處理不當，常常迫使社會、人民付出慘重代價。

　　現代社會中，災變管理能力可以說是組織危機處理能力的重要考驗，也是彰顯政府行政效率與效能的重要指標。而所謂《危機》，不一

定是天災，有時更多的是人禍，甚至是遠在天邊的人禍，例如 1997 年
7 月，柬埔寨爆發嚴重內戰，戰火延燒到首都金邊，這原本與台灣無關，
但當時有一百三十餘名台灣旅客受困當地，為數不詳的台商與僑胞也
陷在危城之中，眼見各國紛紛指派專機撤僑，台灣的駐柬代表卻拎著
約翰走路回台述職，引起輿論撻伐，中國時報甚至以＜金邊烽火顯現
政府的危機處理盲點＞為社論主題（註 2）。

　　因此，在無法預期後果及有限時間情形下，決策者的種種作為，
所涉及的不僅僅是政策選擇更可能是一種價值選擇；而如何以高度警
覺性，去建立一套觀察、預警系統，隨時根據不同的狀況，即時反應，
提供政府與國人參考，實在是刻不容緩。

二、危機的要件

　　危機或災變之所以成為危機或災變，通常它具備四項要件，第一
是始料所不及，我們常說《意外》；也就是未曾預料到會發生，或雖知
道災變會發生，但不知道何時會發生；第二是須臾之間的突發狀況；
第三是其發生對人類社會或組織的價值或目標產生激烈的衝擊；第四
是反映的時間常常非常有限。

三、災難的種類

　　重大災害發生後，人民在災後所遭遇到的生存、生活乃至生命財
產的損失及其後續的重建問題，有屬於公共領域者，例如防災救災機
制操作模式的修正、耐震強度強化的規定、斷層帶破裂區的劃定、敏
感地區的發展限制、產業的復甦、維生系統乃至公共設施的重建等是；
亦有屬於私密領域者，例如居民居住地點的選擇、住宅貸款的負擔、

重建式樣的選擇、建築強度的決定，乃至就業、就學的選擇等是：政府對災後重建究竟要做到什麼程度，才算重建完成，本屬公共政策的討論範疇，但基本上仍應以公共領域為主要論述；至於屬於個人隱私權的私密領域，政府雖不宜主導，但仍有必要予以協助。

世界各先進國家對災變的定義，常因國情不同而有不同的定義，我國依據西元 2000 年 7 月 1 日總統公佈施行之「災害防救法」，災害乃泛指下列災難所造成之禍害：

◆　風災、水災、震災、旱災、寒害、土石流災害等天然災害。

◆　重大火災、爆炸、公用氣體與油料管線、輸電線路災害、空難、海難與陸上交通事故、毒性化學物質災害等災害。

同年稍早行政院經濟建設委員會在「都市災害型態及其應變措施之研究──防災體系及防災相關應變措施之研究──防災體系及防災相關計畫」研究報告中（註 3），將都市災害的種類區分為「綜合性災害」、「自然環境性災害」、「開發類災害」、「危險物類災害」、「維生線損害」、「交通類災害」、以及「特殊構造物災害」等七大類。美國聯邦緊急事務管理總署(FEMA)近年更將恐怖份子活動列為災害的類型之一（註 4）。

第二節　危機與災變的特質

災變是發生在某一特定時空的社會事件，它通常會對社會的機能造成嚴重損害，甚至瓦解。一般來說，災變具有五種特質。

第一是高度不確定性，包括：發生與影響之不確定性，危機與災

變的發生，雖然有或長或短的潛伏期，但卻不易察覺，何時發生常常充滿不確定性，危機或災變產生的威脅性強弱常受到損失價值大小而定，連帶使得危機與災變的影響層面充滿不確定性。學者 Frances J. Miliken(註5)將災變的不確定性，區分為三種：第一是狀態不確定(State uncertainty)：指決策者由於對外在環境不了解，因而無法預測未來狀態與事件的變遷。第二是影響性的不確定(effect uncertainty)：指決策者對外在環境雖有了解，然對於未來衍生的影響則無法預測。第三是反應的不確定(response uncertainty)：決策者欲對外在環境變遷或具威脅性的事件採取回應，但卻不知應採取那一個選擇性方案與方案執行後可能之影響。

第二是災變發展過程具動態性與特續性；一般而言，危機事件之過程有四個階段：潛伏期、爆發期、擴散期及解決期。危機管理之重點是在損害發生前、發生中及發生後能立即策劃、組織、指導及控制資源及活動，以使危機所招致之損失能降至最低。包括：災害減輕策略、災變準備策略、災變反應策略、災變復舊策略。

第三災害本身具空間性與時間性；由於都市化與人口的集中，使得社會因天然災害而負擔的潛在成本逐年增加，而高度的科技發展、人民權利意識的高漲、交通與通信的便捷，使空間性與時間性更具感染性，人與人之間更提高了衝突的可能性。也增強了決策的複雜性與不確定性。

第四災害具複雜性及複合性；惟鑒於公共建設因天然災害之破壞事件年年發生，所謂管理與處理應有所區別，管理重預防、處理重對策。

第五災害搶救具有分秒必爭的急迫性。現代科技雖可對颱風、暴

雨、乾旱等氣象災害發出預警，但對受災之時地及規模，仍無法準確地預測。尤其人為災害更具有偶發性質，社會不僅對於災害事件的發生缺乏預測的能力，對於災害的影響也無法預知。

第三節　危機管理理論

一、危機形成因素分析

如前所述，危機通常是指突發事件的轉折或關鍵，災變則是因天然或人為災難而造成的變故，危機形成有些是內在因素，包括人為與非人為因素，前者如工殤意外，後者如勞資衝突、管理失當、溝通不良；有些為外在因素，也有人為與非人為之別，前者如歹徒勒索、群眾抗爭、疫疾病傳染；後者如颱風、地震、石油危機等等。但有時內在或外在因素互相影響，不易釐清，使得災變的處理與責任的釐清，更形困難。

二、危機管理理論的產生

隨著災變對人類社會影響日益增加，災變管理（Disaster Management）、風險管理(Risk Management)及緊急事件管理(Emergency Management)理論乃因應而生，這些理論探討的是個人或組織，面臨或可能面臨之急迫而又關係成敗之重大事件，採取適當行動，加以化解、控制或消除，以減少損失或不利影響之過程。災變管理或危機管理最重要之目標是要使組織在歷經任何可預見之意外損失後仍能生存下去，面對不可預見之重大災變仍能繼續運作。

不論何種災變管理管理理論，對於危害分析（Crisis　Analysis）通

常均視為最重要的課題，這包括三個層面，第一是對危害程度的認知，包括潛在危害及危害辨識，第二是認知危害能力，包括克服危害的種種標準作業程序，第三是處理危害的能力，包括員工訓練與救災演練。因此，災變管理或危機管理是一種為求迅速復原而有智慧與計畫地應變以控制危機之管理技術。

　　現代社會由於都市化與人口的集中，使社會因天然災害而需負擔的潛在成本逐年增加；危機處理能力成為檢定政府施政能力的重要指標之一（圖2-1）。

圖 2-1　加強災變的應變能力，成為現代政府的施政重點

　　災害有其持續、動態的發展過程，而非個別發生且立即結束，災變之間會相互影響，甚至波及、擴大而形成連鎖性的災害。

　　這種特性在都市化、資訊化、高齡化等愈發達的社會，愈容易突顯出來。包括：建立危機處理系統、建立危機偵測之資訊指標、建立

一套完整之危機處理計畫、成立危機處理小組、採取適度之反應並注意媒體之溝通、秉持坦誠及重視人民權益的關心態度。

由於災變管理所能使用的時間相當短，通常只有幾小時、幾天或頂多只有幾週而已，在這麼短的時間要化解這麼多的衝突，並依序採取適當的必要措施，來保護組織必要的資源、人員及財產的安全，促成順利進行重建工作。因此，與時間競賽，就成為危機管理非常重要的課題。

三、危機管理理論

分析一項危機事件的處理，無論其為天災還是人禍，其立論基礎，有依不同的角度而有不同的理論，主要的理論有九種（註6）：

（一）依事件發生過程而立論的危機產生論（Crisis Production Model），區分為潛伏期、爆發期、擴散期與解決期四個階段。

（二）依危機對人類社會的影響而立論的危機發展論（Emergency Development Model），區分為威脅（Thread）、警告（Warning）、影響（Influence）、調查（Survey）、救援及風險控制（Rescue & Hazard control）及穩定（Stability）等六階段。

（三）從危機管理的角度來觀察的危機管理論（Emergency Management Model），將危機事件的處理分為：紓緩（Mitigation）、準備（Preparedness）、回應（Response）及復原（Recovery）四個階段。在舒緩階段，包括對災難加以控制或修正，改變威脅的強度；保護受災地區人民生命與設備，減低受害程度；限制或管制災難地區之使用，以減少人民暴露於威脅之下。在準備階段，包括平時訓練、演練、計畫與警告。在回應階段，包括建立緊急事故應變中心、撤離及收容災

民、預防二次災難等等。在復原階段，包括基本民生支援系統的修復與補強，各項資源的整合與應用等等；與此頗為相似的是，另一種實務模式，美國州長協會所創設的整合性災害管理系統（Integrated Emergency Management System），將整個災害管理活動區分為預防（Prevention）、準備（Preparedness）、應變（Strain）、復原（Recovery）等政策規劃與執行過程。

（四）從政策過程而立論的政策分析論，而將危機處理區分為災變評估（Assessment）、控制分析（Control Analysis）、策略選擇（Policy Choice）、管理執行與評價（Implementation and Evaluation ）四階段。從這個觀點來看，危機處理所處理的不是危機事件本身，而是人們的反映，也就是災難的管理價值（ Emergent Norms）。正如史耐德（S.K.Schneider，註7）教授所主張的，有效的災害管理應建立在兩條價值規範之上，第一是官僚規範（Bureaucraticnorms）；也就是災害管理機構所形成的文化價值信念；第二是緊急規範（Emergentnorms），也就是民眾在緊急事件發生當時所表現出的行為與價值態度。

（五）從災變發生開始後，政府採取之作為來觀察的救災重建論，區分為救災、安置與重建三個階段（註8）；或依災害發展的三個階段，區分為災害發生前、災害發生期間、災害發生後為探討指標；此一模式又稱為災害管理動態模式。

（六）從國土改造的觀點主張以減少自然災害的原則來進行在地性的國土改造，稱為災害計畫回應模式（Local Planning Response To Natural Hazards），此一模式由人類生態學的觀點，認為有效的土地利用模式不是經濟取向而是生態取向，才能減少自然災害的發生，災害的回應應該區分為四個階段：環境風險階段、政策倡議階段、政策形

成與採納階段、政策執行階段。

（七）從加強災害管理機構的政策執行機制出發，方能提昇災害的預防效果，此一模式由 Mary & Williams 於 1986 年提出，稱為分享性災害統理模式（Shared Governance），主張災害管理的權責既非中央獨有，亦非地方責任，而應是中央、州與地方共同完成，共同分擔責任，政府官員對既定計畫都應該負其應負責任，所謂府際管理（Intergovernmental Management）、府際協調（Intergovernmental Coordination）、府際合作（Intergovernmental Cooperation），變得非常重要，也非常敏感。

（八）從災害演變來分析災變管理的災害鍊理論，R.E.Kasperson 與.D.Pijawka 以災害演變為基礎，提出災害鏈(Hazard Chain)的觀念，認為災變管理必須控制災害鏈所衍生出的相關災難(disaster)，如此災變管理政策的規畫與執行才有意義，行政機關才能透過資訊與控制的功能來管理災變。

（九）學者康佛(Louise K. Comfort)於 1988 年提出危機管理活動設計型模(The emergency management system)或災難管理系統模型（Disaster Management System Model），康氏以塞蒙（Herbert Simon）的組織設計理論為基礎，認為透過人類理性活動的努力，可以在災難環境與政策目標之間，成功的建立起災難管理系統（註 9），他從政策設計的觀點提出規劃危機政策的三項策略：變遷策略：從變遷中發展內在變革的學習能力；持續策略：建立持續性的結構與程序；最後則是整合策略：建構整合性的溝通系統。變遷策略：藉由機關間學習能力的提昇，使機關能在危機中彼此配合，包括危險評估(Hazard Assessment)、控制分析(Control Analysis)、資訊回饋（Information

feedback）與行動調查（Action Survey）。持續策略：目的在使機關遭到
突發危機事件時，仍能發揮其基本功能，其策略設計重點包括：正式
結構組織應如何保持機動性、民間團體組織應如何整合及配合、資訊
應如何管理。整合策略：目的是希望透過有效的溝通模式來強化政府
與人民的溝通、運用大眾傳播及機關與機關之間的溝通。

第四節　美國及日本危機處理機制

一、美國危機處理機制

先說美國的防災救災機制（註 10），在 1803 年，由於新罕布夏（New
Hampshire）發生市區大火，於是有 1803 國會法案（the Congressional Act
of 1803）的立法，但直至 1930 年美國才有災後重建的貸款法案（the
Reconstruction Finance Corporation），1934 年成立公路局（Bureau of
Public Roads）負責公路橋樑因災害毀損的重建工作，同年國會通過洪
水管制法案（Flood Control Act ）授權美國陸軍工程部（the US Army
Corps of Engineers）執行洪水造成災害的管制事宜。

到了六〇年及七〇年代早期，聯邦政府基於自然災難的發生頻
仍，例如 1962 年、1965 年、1969 年、1972 年龍捲風造成的災難，1964
年阿拉斯加大地震、1971 年南加州大地震等，均造成人民生命財產的
重大損失，於是成立了聯邦災害協助局（Federal Disaster Assistance
Administration），隸屬於住宅及都市發展局（Department of Housing and
Urban Development ,HUD），到了 1979 年，卡特總統整合了包括：保險、
住宅、建築、消防、氣象及國民兵等十個行政部門成立聯邦危機管理
局（the Federal Emergency Management Agency，俗稱 FEMA），直屬總

統，以指導、管制與預警機制，處理各種危機事件，包括大型災害的應變、救濟、事先的準備、演習、事後的復建及整體減災的規劃事宜；FEMA 直屬於總統，在協調、機動與實戰方面，具有無可比擬的強大威力，FEMA 的總部在署長之下，設有減災司（Mitigation Directorate）、準備訓練演習司（Preparedness,Training,Exercise Directorate）、應變復原重建司（Response,Recovery Directorate）、聯邦保險局（Federal Insurance Administration）、消防署（Fire Administration）、作業支援司（Operations Support Directorate）、資訊技術服務司（Information Technology Service Directorate），而為了因應全美的需要，FEMA 在全國十個地區設置有區域辦公室（Regional Office）；同時設有國會與政府事務辦公室（Office of Congresional & Government Affairs）、緊急資訊與公共事務辦公室（Office of Emergency Information & Public of Affairs）、政策與評估辦公室（Office of Policy & Assessment）、一般諮詢辦公室（Office of General Counsel）、國家安全協調辦公室（Office of National Security Coordination）、人力資源管理辦公室（Office of Human Resources Management）、財務管理辦公室（Office of Financial Management）等幕僚單位。

　　綜合言之，1979 年美國卡特總統以 12127 及 12148 號行政命令合併行政部門中包括國防部、商業部、住宅及都市發展部等十個危機管理工作，成立聯邦危機管理局(Federal Emergency Management Agent FEMA)，正式將危機管理引進政府部門，下設全美災變準備董事會、聯邦保險行政處、州與地方支援董事會、全美消防行政處、外事董事會與訓練局。同時在馬里蘭州的艾米茲堡成立全國災變訓練中心。其所建立的整合危機管理系統，將危機管理過程分為：紓緩階段、準備

階段、回應階段與復原階段。

◆　紓緩階段，工作重點目標包括：控制災難、保護災民生命及
財產、限制災區的使用以減少損失，其目的在改變威脅的本
質。在紓緩階段常用的政策有三：一是結構性政策(Structural
Policy)，二是非結構性政策(Nonstructural Policy)，三是整合
性政策（Integrated Policy）。

◆　準備階段，目的在充實並發展政府的危機應變能力，包括訓
練、計畫、警告三項，其目的是使各項回應工作能充份運作。

◆　回應階段，重點在重建災區秩序、賦予人民危機時的行為準
則，及將受害情形減至最低。包括災區處理中心 Emergency
Operations center)的運作、撤離與收容、二次災難的預防。

◆　復原階段，包括短期的修復性復原(Restoring Recovery)與長
期的轉型性復原(Transforming Recovery)。重點包括：經費來
源、資源分配、目標與手段的連結。

二、日本危機處理機制

日本的災害法學體系通常包括災害對策基本法（包括組織法與作
用法）、災害預防法、災害救助法、災後重建法、災害補償法等相關法
律，其中＜災害對策基本法＞是以國土廳與消防廳為主要對象；災害
預防法包括建設省的《河川法》，國土廳與消防廳的《大規模地震災害
對策特別措施法》、農林水產省的《活火山特別對策措施法》、氣象廳
的《氣象業務法》、防衛廳的《自衛隊法》等是屬於公法性質；災害救
助法及災後重建法通常跨越公共領域與私密領域，應兼具公法與私法
性質，主要為厚生省的《災害救助法》，運輸省的《公共設施災害復舊

事業費國庫負擔法》、建設省的《受災市街地復興特別措施法》、文部省的《公立學校設施災害復舊國庫負擔法》等等，至於災害補償法主要為金融補貼，例如農林水產省的《天然災害受災農林漁業者相關融資暫時措施法》、建設省的《住宅金融公庫法》、大藏省的《地震保險關聯法》等等（註11）。

而此等機制的建立，從世界先進國家的防災機制建立過程中，我們可以發現機制的建立，通常不是在災難發生之前，而往往是跟隨在災難發生之後，例如日本防災對策法制之建立，多伴隨有災害之發生，亦即每當日本在罹受大規模災難，人民生命、財產遭受巨大損害，政府廣受責難之後，才會痛定思痛制定相關法規以資因應，換言之，日本防災法制之建立過程，實際上與災害發生有著密不可分之互動關係，正所謂＜前事不忘後事之師＞。

明治維新時代，在1880年就有關於災害防治救助窮民之「備荒儲蓄法」，對罹災之窮困者給予食物、建屋所需材料、農具及各種穀料之援助，同時對於因受災害而納稅困難者，給予租稅額之補助及借貸等規定。其後約二十年間均以該法為災害救助之法源依據。惟因1890年以降，日本相繼發生風災水害，前開法律已不敷因應。

二次世界大戰之後，日本主要防災救災之法律略有：1947年的災害救助法；1961年的災害對策基本法；1962年的劇烈災害處置特別財政援助法；1978年的大規模地震對策特別措置法；1980年的地震防災對策、強化地域地震對策、緊急整備事業國家財政特別措置法（簡稱「地震財特法」）；1995年的地震防災對策特別措置法，此係針對阪神、淡路大震災害救護及災後復建復興而制定之法律。這些法律讓日本政府得以在往後的災害發生時，由中央成立首相擔任召集人的中央防災

會議，相關部會成立災害對策總部，負責救災與復原的指揮協調機制。

　　為了大型災難發生時，救災之需要，日本各地方政府自治組織之間，通常定有相互支援及救災的協定，同時各個自治體之間也設有＜相互救援基金＞，因此當阪神大地震發生時，其他縣市的救災人員與設備紛紛抵達災區，神戶也已驚人的速度，一年完成港口復建，二年完成高速公路復建，第三年恢復市容，其相關做法有頗值得借鏡（註12）。

第五節　我國危機管理機制

　　台灣由於位處環太平洋地震帶上，地層屬於年輕而不穩定的地質，加上山高水急，地形特殊，颱風、地震、豪雨、乾旱等天然災害發生率極高，加上人為的過度與不當開發，防洪排水嚴重不足，河川管理失當，濫採砂石、超抽地下水時有所聞，每當發生災害時，防災救災體系與緊急應變機能，就成為民眾爭相指責的對象，隨著台灣經濟的高度發展與社會的富裕，《安全》成為全民的共同要求與政府的指標性工作，民國83年8月行政院頒行《災害防救方案》，民國84年3月，內政部消防署成立，為防災、救災建立了起碼的機制，但這個機制在歷來的災變中，也面臨一次比一次更嚴格的考驗。

　　1995年日本阪神大地震，當時臺灣省政府曾預演台灣如果發生類似地震，緊急應變及善後處理措施，其大要為：立即成立省至縣市地震災害處理中心，省災害處理中心設於警務處，指揮官為省長，副指揮官為副省長擔任，相關廳、處、局派高階代表擔任編組成員；縣市、鄉鎮市區設災害處理中心，指揮官由地方政府首長擔任，副指揮官由

警察單位首長擔任，所屬機關、單位首長編組為成員。成立緊急應變小組，為使緊急救災工仍能達到全面化及上下合一，各有關行政機關及公共事業內部應設立緊急應變小組，聽命於災害處理中心進行各項緊急救災工作。運用社會資源，結合民間團體協助救災如各縣、市紅十字分會、工業分會、救難協會等單位，共同進行。

一、災害防救法的頒布

民國 86 年 10 月，立法院建議政府應成立災害防治專責機構，同年 12 月行政院提出災害防救機構設置的專案研究報告；民國 87 年 10 月，國科會的防災國家型科技計畫納入規劃考慮，民國 88 年 7 月，行政院設立《中央災害防救中心》，＜災害防救法＞也在千呼萬喚中，於民國 89 年（西元 2000 年）6 月 30 日經立法院三讀通過，總統於同年 7 月 19 日公布施行後（註 13），行政院立即邀集各機關開會研商，分由各相關部會積極訂定災害防救法之各項子法，包括「中央災害防救會報設置要點」、「行政院災害防救委員會設置要點」、「中央災害應變中心作業要點」、「內政部支援災害處理規定」、「災害應變徵調徵用補償辦法」、「風災震災重大火災爆炸災害救助標準」、「民間志願組織協助災害防救認證辦法」、「直轄市縣市政府執行災害防救法第 31 條第 2 款前段應行注意事項」、「申請國軍支援災害處理辦法」、「結合全民防衛動員準備體系執行災害防救應變及召集實施辦法」及「後備軍人組織民防團隊社區災害防救團體及民間災害防救志願組織編組訓練協助救災實施辦法」等均已核定實施；而「災害防救基本計畫」亦於 2001 年 6 月 20 日經中央災害防救會報第一次會議中提報並獲得審查通過，行政院亦已函送各中央災害防救業務主管機關及直轄市、縣（市）政府，據以辦理災害防救事項。

二、中央防災會報

中央災害防救會報由行政院院長、副院長兼任召集人、副召集人，委員 21 至 23 人，就政務委員、各相關部會首長、學者專家派兼或聘兼，2000 年台灣發生的碧利斯、巴比侖、寶發、象神，以及 2001 年的西馬隆、奇比、尤特、潭美等颱風，均由行政院長指定中央災害應變中心指揮官，各編組機關也都指派高階人員進駐，有效指揮協調各機關，各項災情均能於最短時間內調度救災人員、機具實施搶救同時也使得災害所造成的損失降至最低程度，有效統合各相關機關的資源與力量，充分發揮災害防救體系所應有的功能。行政院災害防救委員會亦於 2000 年 8 月 25 日成立，由各相關部會副首長兼任委員，並派兼相關人員辦理跨部會災害防救協調工作。

三、相關機制

九二一大地震後，每年的九二一災害防救日均從事地震等災害防救演習。而行政院災害防救專家諮詢委員會設置要點業於 2001 年 3 月 22 日函頒實施，委員 31 人至 35 人，其中一人為召集人，由行政院國家科學委員會主任委員兼任。行政院專家諮詢委員會除提報災害潛勢資料外，亦實際參與中央災害應變中心之運作，依據各項潛勢資料，分析可能發生的災害，適時提出災害應變建議。

依據災害防救法，內政部應成立特種搜救隊及訓練中心，特種搜救隊編制已納入內政部消防署組織條例修正案，訓練中心二年中程計畫，亦積極辦理中，地點初步選定在台灣的南投縣。

四、緊急通報系統

為協助各級政府災害防救工作之推行，強化中央災害應變中心與地方災害應變中心之運作，內政部積極推動「中央災害應變中心防救災系統設施專案計畫」，在災害預警、通報通訊系統軟硬體之設計建置及人員培訓執行情形，擬訂「建購全國有、無線電通訊系統計畫」，包括增購各直轄市、縣（市）消防機關，各項無線電中繼台、基地台、固定分台、車裝台、手提台等通訊系統設備以協助改善及整合消防救災暨緊急救護通訊網。

119 報案集中受理，並加強操作人員訓練，運用提供來話號碼（ANI）、地址（ALI）顯示之有線電通訊系統，可進一步配合電腦地理資訊派遣系統，達到報案、受理、派遣、指揮等同步作業與快速出勤，提升救災救護指揮反應能力。配合「建購全國有、無線電通訊系統計畫」於各直轄市、縣（市）消防救災救護指揮中心設置多頻頻存證錄音系統設備，於災害發生時可對有線及無線電通訊流程作完整之錄音存證，可避免民眾對報案、出勤及災害搶救時效之紛爭。

為因應緊急通訊需求所購置移動式海事衛星通訊設備，配置於各消防機關、九二一地震災區、行動電話通訊不良之離島、山地離島偏遠地區消防分隊，形成消防機關國際海事衛星通訊網。

五、災防講習

另為強化災情查報效能，於災害發生後立即掌握確實災情，以採取必要之措施，結合警政、民政系統，執行災情查報複式佈建措施，定期分北、中、南、東四區針對各直轄市、縣（市）消防局業務主管及承辦人員辦理講習。

六、強化安全檢查

　　居安思危，古有明訓，我政府為處理應付各種危機，訂有天然災害等處理辦法，根據憲法，總統亦有緊急處分權及緊急命令權，但由於我國欠缺統一專責機構，致緊急事件如涉及不同層級的不同機關之權責，往往發生橫向溝通不良與縱向聯繫受阻的情形，而由於各單位權責不明、推諉塞責、規避責任、各自為政時有所聞，甚至危機來臨時措手不及、不知所措，造成延誤搶救時機，決策錯誤，影響人民生命及財產至鉅。包括：教育的加強<<包括：正規教育、社會教育>>；制度的建立<<包括：法令、人員、機構>>，動員民間力量，加強大眾傳播功能，建立危難救助體系<<包括：物質及精神>>，設置危機偵測系統與指標，平時應變機制，都市人造物有影響公共安全者之虞者，應立即勒令拆除改善，山坡地建築執照的發放，應更趨嚴控，邊坡整治工作，亦應更為徹底，對於現有之山坡地住宅應進行全面性的安檢工作；對海砂屋或其他危樓，應由政府提供低利貸款，儘早協調居民拆除改建。

　　此外，各媒體應定期時常播刊防災教育短片或訊息，提供國人各種防災基本知識，作為應變之參考。各級學校應訓練學生了解防災，救難的基本知識，並經常操作、演練。大專軍護課程應增加是類教材內容，使熟習防災和救難的技能。消防單位應對全國建築物之防震、防火設施，進行全面徹查，對屢誡不改善者，必要時應吊銷使用執行照，勒令其限期改善。對老舊建築之改善，應由政府工務單位批准，方得進行；以免在改建時危及建築基本結構，形成對公共安全之威脅。

　　加速建立台灣地區地質庫之建立，以利工程地質調查，預防地下潛在危機，確保公共工程安全。加強及儲備災後民生必需用品，及急救之醫療用品。加強防災措施，定期檢討相關防救天然災害及善後處

理辦法暨災害防救方案執行計劃，切實貫徹防治工作。經常更換老舊檢驗器材，採用新穎功能佳的科技產品，並提出具體方案，編列預算。對過時及不符實用之防災措施、辦法，應予檢討刪除或重新修訂。針對地震災害之防災及災後處理，要確實規劃、演練。組團赴美、日考察，學習震災後，如何應變、復建等各項救災措施，供有關部門參考。

　　加強公共安全檢查，對交通公路、鐵路、橋樑、水庫、電廠及機關、學校等公共工程，及自來水管、電力、瓦斯、油管等維生線，應加強檢修、查漏、保養及徹底檢查。工程設計應提高防震標準，更換老舊器材及增購新科技器材。對於重大工程，應派專人、專卡定時記錄考核。政府機關、各級學校及特定公共建築，應積極實施安全檢查。

註釋：

1. http://tw.search.dictionary.yahoo.com/search/dictionary。

2. 參見中國時報民國 86 年 7 月 9 日社論。相關資料建聯合報民國 86 年 7 月 8 日、中國時報民國 86 年 7 月 28 日等報導。

3. 行政院經濟建設委員會（2000）：「都市災害型態及其應變措施之研究——防災體系及防災相關應變措施之研究——防災體系及防災相關計畫」。

4. 除了恐怖活動之外，經常被 FEMA 列為危機的尚有：暴風（Storm）、龍捲風（Tornado）、地震（Earthquake）、洪水（Flooding）、熱帶性風暴（Tropic Storm）、颶風（Hurricane）、野火（Wildfire）、颱風（Typhoon）、風暴（Windstorm）、冰雪暴（Snowstorm & Ice Storm），見

http://www.fema.gov/library/diz02.shtm。

5. 參見蔡秀卿（2000）災害救助與給付行政。載於行政救濟、行政處罰、地方立法論文集（台北：台灣行政法學會主編 415 頁）。

6. 請參見吳介英（2000）：災變管理課程大綱（台中：東海大學公共行政研究所）。及鍾起岱（2001）：危機管理理論講義（南投：行政院人事行政局地方行政研習中心）。

7. Schneider，S.K.（1995）：Flirting With Disaster：Public Management in Crisis Situations Armonk，New York：M.E.Sharpe.

8. 請參考黃榮村（2000）：災後重建的政策性議題。載於理論與政策第十四卷第一期。及李遠哲主持（2000）：災後重建工作小組：災後重建工作小組報告。民國 89 年 5 月。

9. 請參考丘昌泰（2000）：災難管理學：地震篇。台北：元照出版公司。民國 89 年 11 月。

10. Http//www.fema.gov/about.

11. 請參考邱聰智等（1997）：日本防災體制考察報告。台灣省政府法規會。及揚作州（1999）：從日本防災與救災體系中汲取經驗－為九二一大地震之復興與台灣防災與救災體系之建立。作者自印。民國 88 年 10 月。

12. 請參考揚作州（1999）：從日本防災與救災體系中汲取經驗——為九二一大地震之復興與台灣防災與救災體系之建立。作者自印。民國 88 年 10 月。

13. 有志者請參考陳武雄（2002）：災害防救法的析解與應用。台北：鼎茂圖書公司。

第三章　地震災情與重建策略

第一節　全球地震回顧

一、板塊運動

　　地球的表面稱為地殼（Crust），是由板塊（Plate）組合而成，這些板塊漂浮在高熱的地函（Mantle）之上，由於連接板塊的互相推擠，發生皺摺作用（Plication），縐摺的地方，形成山脈、深谷，平坦的地方形成平原、高地，這種運動最明顯的特徵就是造山運動。

　　台灣位於歐亞版塊、菲律賓版塊與太平洋海版塊的交界處，由於歐亞版塊與菲律賓版塊的互相推擠，形成台灣島嶼，推擠的方向，基本上是沿著綠島與澎湖群島的中心軸縣由東南向西北推擠，因而形成台灣島嶼南北狹長的特性。

　　九二一大地震（註1）規模為7.3，釋出的能量，相當於40顆廣島核彈在集集下方8公里處爆發，由於此次地震是屬於逆衝斷層（註2），主震之後，又發生多次規模6.8的餘震，造成嚴重破壞；地震波沿著車龍埔斷層線（註3），以東往上抬高、以西往下陷落，落差最大達7、8公尺，由於東側抬高承受壓力高達一個重力加速度，也就是一伽（1 gal，1G），故破壞較為嚴重，西側受力較輕，故破壞相對較輕；因此各地震度也不相同，據中央氣象局88043號地震報告，請參見表3-1，南投日月潭震度最大，為7級，苗栗南庄、雲林、古坑為6級、台中、嘉義、台南為5級，台北、高雄、屏東為四級（註4）。

表 3-1 九二一大地震地震報告

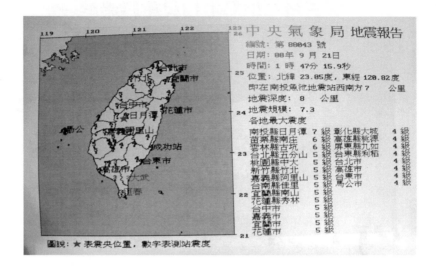

圖說：★ 表震央位置，數字表測站震度

二、地震發生原因

　　產生地震發生的原因，過去科學家曾提出岩漿說（Magma），認為地震是因地下岩層某部分突然膨脹而發生地震，二十世紀以來，則主張地震是由於地殼變動產生應力（Stress），這種應力大到足以推動岩層移動，當應力大於岩層所能承受的強度時，將導致地層兩側發生錯移運動，而產生如同一捆竹筷彎曲斷裂的現象（註5），這種錯移運動稱為錯動（Dislocation），當錯動發生時，會釋放出巨大的能量，並產生一種彈性波（Elastic Waves），我們稱為地震波（Seismic waves），當地震波到達地球表面時，會引起大地的震動，這就是地震。事實上，除了地殼擠壓的結構形地震外，火山爆發、海嘯、核爆，甚至隕石撞擊都可能產生地震。

三、全球大地震

　　根據美國地質調查所（United States, Geological Survey USGS 註6）報告，過去一個世紀以來，地震平均每年奪走 10000 的生命，最近的 1997 年是 2907 人，1998 年是 8928 人，1999 年是 22000 人，2001 年為 19000 人，表 3-2 為二十世紀，1976 年以來，全球發生的大地震。

表 3-2　最近三十年全球大地震一覽表

年份	地震名稱
1976 年	唐山大地震
1985 年	墨西哥大地震
1990 年	伊朗大地震
1994 年	洛杉磯大地震
1995 年	阪神大地震
1999 年	土耳其大地震
1999 年	哥倫比亞大地震
1999 年	台灣九二一大地震
2000 年	新幾內亞大地震
2001 年	薩爾瓦多大地震
2002 年	菲律賓大地震

資料來源：http://earthquake.usgs.gov/eqinthenews/

　　公元 2000 年 12 月 13 日美國聯邦危機管理局（the Federal Emergency Management Agency）與全美地質調查所（the U.S. Geological Survey U.S.GS.註 7）在華府簽署一項了解備忘錄（Memorandum of Understanding），雙方同意建立一個預防的方案衝擊（Project Impact）

機制的策略夥伴關係，來避免全國性的包括地震、洪水、土石流、龍捲風等自然災難所造成的全面性毀滅，在這個機制下 USGS 提供包括地震、洪水、火山爆發、森林大火、土石流以及其他包括氣候異常、自然水文災害的大地科學資料，FEMA 則負責分析、研判，同時運用其全國 5000 個以上的工作據點，隨時提醒社區居民。

第二節　九二一地震災情概況

一、集集大地震損失

　　整體而言，地震造成的最大災害，莫過於人命的喪失；其次才是財產的損失，例如，1995 年的阪神大地震，造成 5993 人的喪生，30萬人無家可歸，財產損失超過 10 兆日圓，約新台幣 2 兆 7 千萬元（註8）。而民國 88 年 9 月 21 日凌晨，南投集集地區發生強度達芮式規模7.3 的強烈地震，此即九二一大地震，九二一地震不僅使台灣中部災區公共設施大量毀損（如圖 3-1），地震伴隨著土壤液化、地裂、噴沙、山崩、噴水、堰塞湖等現象，更使人民生命財產蒙受重大損失，北台灣包括淡水幸福社區、台北豪門世家、龍閣社區、東興大樓等集合住宅倒塌或嚴重受損，其重要者包括（註9）：

　　（一）死亡 2505 人（含失蹤 52 人）。

　　（二）受傷 11305 人（其中重傷 707 人）。

　　（三）房屋全倒 51392 戶。

　　（四）房屋半倒 53455 戶。

　　（五）校舍受損 1546 所，全倒 293 所。

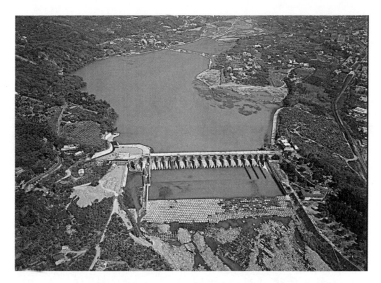

圖 3-1　九二一地震造成公共設施大量毀損，圖為大甲溪石岡壩復建工程
　　　　施工（資料來源：經濟部水利署中區水資源局）

二、災害總損失

　　此次大地震，除災民身心與生活深受衝擊，亦導致包括水電維生
系統、學校、醫院、道路、橋樑等公共設施大量毀損；自然環境的驟
變，產業生產設施的破壞，導致災區產業巨大損失，失業率劇升，整
體經濟發展亦受到重創；估計可以貨幣化的有形直接損失超過 3600
億，如果加上無法貨幣化的間接無形損失，災區總損失將達一兆之譜。
全國包括臺北市、臺北縣、苗栗縣、臺中市、臺中縣、南投縣、彰化
縣、雲林縣及嘉義縣市等，共有 2505 人死亡（包括 52 人失蹤），重傷
707 人，房屋全倒 51392 戶，半倒 53455 戶，保守估計災民約 40 萬戶。
據行政院估計，88 年下半年及 89 年度中央政府財政收入約減少 322

億元，地方政府財政收入約減少 46 億元（註 10），災害總損失估計如表 3-3。

表 3-3　九二一大地震災害損失估計表

項目	金額
直接損失　房屋	1030 億
維生系統	115 億
學校	390 億
交通通訊	150 億
產業	1366 億
其他	595 億
小計	3646 億
間接損失以直接損失 2 倍估計	7292 億
總損失	10938 億

註：直接損失係依據行政院經建會及 921 重建委員會民國 89 年資料計算。

　　依據內政部建築研究所的研究（註 11），九二一罹難者死亡原因與建築型式有關，根據該所比對 223 具罹難者相驗資料，比對其住屋型式發現，鄉村地區有 331 人係被傳統土角厝掩埋，因窒息呼吸困難而死亡；被加強磚造房屋倒塌壓死者有 331 人，因山崩或走山壓死者有 101 人，房屋被山崩掩埋者 75 人，五層樓集合住宅倒塌壓死者 431 人，因鐵捲門變形無法脫困而死亡者 13 人。

三、政府積極救災

　　九二一地震來去只有幾十秒的時間，但救災、安置與重建工作，

卻如千頭萬緒，由於民國八十八年九月至九十年三月間正逢總統大選的前夕，中央救災督導協調會報由時任副總統的連戰先生擔任召集人，連戰先生對災後重建的的推動工作，發表在 1999 年 11 月 11 日《生機與希望：災後重建的推動》（註 12），當時政府將重建界定為再造希望、再創生機的希望工程。機制的運作包括兩大層面、三大工作、四個體系來進行，所謂兩大層面是指在決策面成立各級防災會報，在執行面成立各級災害防救中心；三大工作是指災害預防、災害應變與災後善後；四個體系是指中央、省、縣市與鄉鎮（註 13）；根據連先生的報告，災變發生時，地震發生後三分鐘內政部成立了《緊急應變小組》，9 月 21 日凌晨 2 點 10 分中央成立了《九二一地震中央處理中心》；清晨六點，國防部與參謀本部成立了《九二一震災應變指揮中心》，災變後第四天，9 月 25 日總統頒布緊急命令，這是台灣二十世紀九〇年代民主改革以來，首度宣佈的緊急命令；10 月 18 日行政院會通過緊急命令執行要點，11 月 25 日行政院 2657 次院會討論通過《九二一震災重建暫行條例草案》，並函送立法院審議，行政院蕭院長並宣布九二一的緊急救災、安置已告一段落，今後應著重於重建工作（註 14），整個救災工作急速的全面展開後，逐漸轉向重建的方向。

第三節　九二一震災重建的特殊性

一、災後重建的重視

災變發生不久，總統於 1999 年 9 月 25 日頒佈緊急命令、11 月 9 日行政院訂頒「災後重建計畫工作綱領」，2000 年 5 月，在政權交替之際，行政院經建會完成「災後重建計畫白皮書」，連同該年 2 月間立法

院通過的「九二一震災重建暫行條例」,作為銜接緊急命令、推動工作綱領、實現重建白皮書的重要法律,此四者形成蕭內閣主政期間災後重建中,救災與安置的四大機制,對爾後的重建也起了很大的作用。

新政府成立後,恢復成立「行政院九二一震災災後重建推動委員會」,並自89年6月1日正式揭牌運作,積極展開各項救災重建工作,為了落實總統政策指示,及配合未來年度震災重建需要,行政院擬議自90年度起至92年度止,三個年度內辦理「九二一震災災後重建特別預算」,積極進行修正暫行條例,並於民國89年11月10日經立法院第四屆第四會期第十三次會議三讀通過,為了災後各項重建工作效率需要,重建會與行政院研考會共同建立三級進度控管機制。

至此,重建條例修正案、特別預算及控管機制,成為災後重建的三大核心機制。詳見第四章。

二、災後重建的特殊性

九二一大地震,有其異於其他地震的特殊性(註15),包括:(1)破裂斷層線(Earthquake Rupture Surface)長達105公里,為世界之最。(2)受災地區多為弱勢農村及原住民地區。(3)受災地區突顯五十年未決之土地繼承、持分、佔用等問題。(4)集合住宅及大面積重建共識不易達成。(5)公共建築及公共設施大量損毀。(6)歷史建築及古蹟嚴重受損。(7)受災地區土石流及崩塌地明顯較受災前增加(如圖3-2)。

圖 3-2 921 震後崩塌地明顯增加，圖為埔里山區正進行裸坡植生

（資料來源：行政院新聞局）

第四節 政府重建策略解析

民國 88 年九二一地震發生後，執政的國民黨基本上是採取《救災第一，安置為先》的策略，在救災方面，地震過後，先是困在倒塌中的台中王朝大樓長達近 90 個小時的 6 歲小弟弟張景閎獲救；130 小時後，台北市東星大樓受困戶孫啟峰、孫啟光二兄弟獲救，使救援工作達到最高潮。而為了縮短中央與災區的聯繫落差，李登輝總統先生甚至要求各部會派駐鄉鎮的次長應會同縣府人員出席村里民大會，讓民眾了解政府的作法，同時聽取民眾的意見；在安置方面，行政院也提出慰助金發放、組合屋、短期租屋津貼、優惠國宅、產業紓困等等政策，但包括危屋鑑定、慰助金發放、房貸條件、救助金發放、建商責任、法律訴訟、緊急命令、產業經濟、水電供應、古蹟搶修、災後防疫等等，均遭受空前的批判，面對當時在野的總統候選人強烈批評政府的九二一救災作業，行政院雖然一再道德訴求，希望民眾不要看到有人住帳篷，就認為政府沒做好安置工作，因為事實上有些災民領了

房租津貼，卻住帳篷。但效果卻很有限，震災可以說重創了當時執政黨的施政能力。

民進黨贏得 2000 年總統大選後，政權輪替，民間團體充沛的資源仍相繼進入災區，陳水扁總統除宣示定期到災區來了解重建進度外，並期許新的九二一重建委員會能成為災區重建工作的正常溝通機制，同時期許三項目標（註16）：第一是期許九二一重建委員會成為大家親切的好鄰居，讓所有的災民體會到溫馨的人情味；第二要像便利商店，以單一窗口的服務流程，讓大家刷卡買單一次 OK；第三要像媽祖婆一樣，聞聲救難，庇祐所有災區的台灣子民。其重建方針主要有六：（1）資源及人力的有效統合。（2）以特別預算突破總預算編列限制。（3）公共設施重建與生態環境重建並重。（4）個別補貼及慰助超越美日先進國家。（5）許災民一個安全的家。（6）重視歷史建築及古蹟重建。分析民進黨政府重建策略，可以區分為四個階段（註17）：

一、第一階段（民國 89.6.1 至 89.12.31）

此一階段主要延續蕭內閣時期的救災與安置作業，而進入《重建時期》，此一時期，政治上的政黨浮動已然大致底定，《有效統治》、《區域治理》、《創新價值》、《回歸專業》、《在地精神》、《民力無窮》成為災區重建的主流思考，在這樣的價值思考之下，第一階段的重建策略主要包括：

（一）健全重建法律機制：89.11.29 完成九二一震災重建暫行條例修正，90.3.31 完成 27 項子法修正工作。

（二）分階段籌編特別預算突破財政困境：以保留方式保住前政府預算額度計 381 億元；於 90 年度中央政府總預算編列後續基本公共

設施修護經費 62 億元；全力動員通過第一期災後重建特別預算 727 億元，並積極籌編第二期特別預算 273 億元，以上合計 1,443 億元。

（三）全力衝刺公部門之公共設施復建，截至 89 年 12 月底在 12,974 件重建工程標案中，已完成發包 87.51%。

（四）啟動學校重建 293 校工程。

（五）積極協調解決住宅重建相關財政困難問題。

（六）在維護現有法制安定性要求下，放寬民間部門各項重建門檻。

（七）以信保基金協助弱勢族群跨越重建門檻。

（八）以生態規劃與生態工法進行大地重建。

（九）體察政府有限、民力無窮，建立政府與民間合作典範。

二、第二階段（民國 90.1.1 至 90.6.30）

九二一地震後，台灣中部山區受創嚴重，如何使在地人生活安心、外地人旅遊放心，使大地傷癒，美麗重現，使產業振興，經濟活絡，此一階段的重要工作是克服土石流災害威脅，在基本的災區重建架構底定之際，＜災區＞一詞，仍引起人們無窮苦難的想像，扭轉社會對災區的不安與害怕心理，是重建災區心理的重要條件，同時發揮重建加速效果，是此一階段的重要策略，包括：

（一）將災區正名為重建區（註 18），期盼早日完成重建。

（二）組成 13 個土石流專案處理小組，28 個緊急處理小組，勘查診斷土石流危險溪流 3015 處，辦理緊急工程 243 件，以集水區的概念，

進行源頭處理（註19）。

（三）打通並完成重建區所有省道、橋樑、觀光聯絡要道，重要者如下：

1. 台三線延平橋89.8.30通車。

2. 力行產業道路89.11.30通車。

3. 台三線名竹橋89.12.5通車。

4. 台三線石圍橋89.12.14通車。

5. 一四九線桶頭橋89.12.27通車。

6. 台三線烏溪橋90.3.15通車。

7. 台十四線炎峰橋90.4.30通車。

8. 一二九線一江橋90.5.8通車。

9. 溪阿公路安定彎90.5.8完成打通工程。

10. 台三線東豐橋上游側90.5.15通車。

11. 台十四線中潭公路柑子林明隧道90.3.30通車。

12. 台十四線中潭公路上邊坡植栽水土保持，89.12.31完工。

（四）全力衝刺學校重建進度：

　　九二一震災災後公共設施復建計畫，標案總件數超過一萬件，分別由16個部會及10個縣(市)政府辦理，總經費485億餘元；在485億元經費中，學校重建佔約四分之一，總經費為140億元。統計九二一及一○二二嘉義震災造成全國各級學校共有1546所學校校舍受到輕重

不一的損害。其中有 293 所全倒，就縣市而言，以南投、台中縣最為嚴重，南投縣國民中小學全毀學校 24 所，中縣為 19 所。九二一重建會更積極協調政府相關部門、民間單位及整合各級學校之人力、物力資源，全力支援受災學校辦理災後重建工作。如圖 3-3。

圖 3-3　重建區美輪美奐的學校成為重建的指標工作

全部的重建，預定分三階段完工啟用：第一階段 90 年 4 月 1 日（春假後）；第二階段 90 年 8 月底（暑假後）；第三階段工程量大或土地取得困難等因素之學校，至遲於 90 年 11 月底全部完成。在 293 所學校重建中，完成重建四分之一以上，未完工者，除情形特殊外，均應於民國 90 年 6 月底前，完成發包，檢視當時實際執行情形如表 3-4。

表 3-4　截至民國 90 年 6 月底學校重建執行情形表

區別	辦理數	完工數	發包數	未完成發包數
民間	108	42	61	5

政府	185	24	153	8
百分	100%	22.53%	73.04%	4.44%

資料來源：行政院九二一重建委員會簡報資料。民國 90 年 6 月。

（五）重建區產業已逐漸復甦：

1. 辦理重建區工商業優惠貸款，共申貸 1292 件，核准 1190 件，核准金額為 121 億 1535 萬元，核貸比率超過九成五。

2. 從特別預算中提撥 20 億元，作為九二一震災企業貸款信用保證之用，協助受災企業解決擔保品不足問題，共計協助 139 家，融資 6 億 2277 萬元。

3. 重建區重要觀光地區遊客人數 90 年 3 月為 57 萬人次，較前年同期增加 3.6%。

（六）住宅重建步入正軌：

1. 53000 戶半倒住宅（其中屬集合住宅約有 16000 戶），已完成 12000 戶修繕貸款。

2. 51000 戶全倒住宅（其中屬集合住宅約有 10500 戶），已核准購屋貸款 7300 戶，核准重建貸款約 7000 餘戶。

3. 重建建照：核發數（含報備數）計有 11000 餘件，15000 餘戶；已核發使用執照 4300 餘件，5000 餘戶。

4. 截至 90 年 4 月底止，申辦以都市更新方式重建者共 74 案，其中已獲核准籌設都市更新會計 56 案、都市更新會已獲准立案計 29 案。

5.　興建戶數 5854 戶組合屋，安置戶數 5328 戶，一萬八千餘人；目前已拆除 630 間，另有空屋 2058 間，正積極處理中。

6.　租金：第一期計發放約 113 億元，第二期編列 32 億元。

7.　完成破裂斷層帶地籍重測工作。

三、第三階段（民國 90.7.1 至 91.05.31）

重建的第三階段，可以說是指標性工作的驗收及檢驗的階段，這一階段包括：

（一）新校園的實現：除少數幾所因校地取得困難遲至 91 年始能完工外，其餘多能於 90 年底前完成重建，截至民國 91 年 10 月，受損校舍已全部修復完成，全倒校舍已完成 288 所。

（二）公共設施的復建：主要道路除溪阿公路安定灣、中橫公路德基段改善工程，因地質地形特殊，須另訂對策外，主要省、鄉縣道路、橋樑均可完全恢復；而辦公廳舍 1428 處復建工程，截至民國 91 年 10 月已完成 1283 處。

（三）啟動住宅及社區重建專案：興建集合住宅 178 棟、農村聚落 74 處、原住民聚落 23 處、街區重建 5 處、新社區開發與遷村 6 處。為了協助不同縣市災民的不同需要，行政院九二一重建委員會也依縣市別分別出版編印《南投縣版》、《台中縣市版》、《其他縣市版》重建須知手冊，以供災民使用。

（四）90.12.31 前完成 10 棟全倒集合住宅重建及 96 棟集合住宅之修復補強工程。

（五）恢復就業市場供需機制，以重建區公共工程勞動力供需協調機制協助媒合就業，開發一萬個重建區民眾工作機會。

（六）配合 2002 年國際生態旅遊年，由重建區出發，推動台灣生態旅遊年，發展主題產業文化，結合地區產業特色，全力培植 8 條風景線觀光產業。

（七）全力修護震災受損古蹟 36 處。

四、第四階段（民國 91.06.1 至 92.12.31）

此一階段為進入所謂後重建時期，依據時任執行長的陳錦煌表示（註 20）：將以《優質重建》、《永續環境》、《安居樂業》為目標導向，繼續推動五年振興計畫與各項重建工作，包括：

（一）解決住宅重建土地權屬不清問題，全力加速集合住宅重建；截至民國 91 年 10 月底為止，1000 億優惠貸款已撥出 467 億元，18 億信保基金均已用罄，半倒集合住宅 151 棟已有 84 棟完成修繕，全倒受災戶已重建完成 27232 戶，集合大樓重建及更新領有新建照的有 2682 戶，正進行都市更新的有 8103 戶。

（二）91.12.31 完成七棟集合住宅易地重建工程，10 棟原地重建工程，2 處都市更新重建。其餘將陸續於 92 年度完成。

（三）妥善因應加入 WTO 後可能使失業率惡化之問題。

（四）以永續觀點、自然工法、生態工法完成大地重建。

（五）推動 100 處社區總體營造，落實新城鄉。

（六）落實地區防災與防災經驗之傳承。

（七）引進新產業，提高重建區企業生產力。

五、重建價值分析

在人類幾百萬年的發展過程中，一直在思考如何改善其生存、生活乃至發展的方式，在台灣這塊土地上，先民們篳路藍縷辛勤耕耘，也留下的許多寶貴的經驗，九二一大地震是不是有留下許多記憶？在重建的過程中，台灣人民與政府是否有可能創造一點點新的價值，值得後世懷念，例如早期預警系統（Earth Waring System）的建立，可以為民眾爭取避災的第一時間；在校園重建方面，我們證實了新校園運動的可行，校園不只是傳道、授業、解惑的一個場所而已，它應該也可以是當地的精神象徵、提供社交、安全、災防、緊急避難與學習的中心；在大地重建方面，我們學習用新的工法，學習對大自然採取更謙卑的態度，對台灣生態系統作最低的衝擊，生態工法的大量採用，政府放棄了用水泥封死河岸、封死邊坡的傳統工法，從新讓螢火蟲的生態復原、河川生態回覆、森林、敏感動植物的生態鍊缺口得到修補的機會，也有效舒緩土石流、崩塌地、坡地災變的發生（註21），在社區重建方面，從在地的角度實踐社區總體營造的可能性，讓在地的力量成為保障國土、維護生態、創造在地產業的有效力量（註22），具體的重建價值包括（註23）：

（一）道路橋樑最早完成、重建區幹道網路將全面恢復。

（二）新校園將成為社區活動中心、避難中心及觀光點。

（三）提高建築耐震力。

（四）以高品質公共建築設計創造地域特色。

（五）推動地區防災規劃與地震學習之旅。

（六）文化資產修復後將尋求「古蹟與歷史建築再利用」之新模式。

（七）生態規劃與工法將成為大地工程之新規範。

（八）從源頭做起，整治土石流。

（九）發展優質且深具魅力之地方產業。

（十）全力協助住宅重建，並推動新社區開發。

（十一）落實照顧弱勢並積極輔導就業。

（十二）推動社區總體營造，並鼓勵居民參與重建。

（十三）2001 年之「重建績效與願景展示會」，及 2003 年「重建博覽會」。

第五節　其他重要措施

九二一大地震發生伊始，依據行政院當時的救災規定，主要措施包括：在傷亡撫慰方面，死亡者每位發放救助及慰問金 100 萬元，重傷者每位 20 萬元。住戶全倒者，每戶發放 20 萬元，半倒者每戶 10 萬元。經費由行政院負擔；在災民安置方面，第一階段，提供帳篷在機關學校的體育場等來收容有需要的災民，第二階段則發放租金及提供臨時屋兩個方法由居民擇一；在緊急資金調度方面，緊急提撥 4 億元給災區前進指揮所，另動支 24 億元第二預備金，其中台中縣 10 億元、南投縣 10 億元及其他縣市 4 億元供作慰助金；在重建購屋貸款方面，中央銀行提撥郵政儲金轉存款 1000 億元，供銀行辦理受災戶購屋、住宅重建或修繕緊急融資，貸款金額 150 萬元以下免息，150 萬元至 350 萬元利率為固定年息 3%，期限 20 年。至於持續進行的其他重要措施，

分析如下：

一、居民安置與住宅及社區重建

在組合屋部分，政府辦理組合屋防颱加固措施、改善衛生及排水處理。在國宅申購方面，修正有關規定，使九二一震災住屋全倒、半倒之受災戶承購國民住宅，受理申請之期限得延長至94年2月4日止。

在租屋方面，研擬租金續發之可行措施，並與中央相關部會、地方政府、民間組織等開會研商。九二一震災建築物受損情形，全倒戶約5萬2千戶、半倒戶約5萬4千戶，估計全倒戶及半倒戶需拆除重建戶數約6萬戶。

除已申請九二一震災央行千億元緊急房貸專案金融機構購屋貸款及申請重建貸款，合計約10300戶外，估計尚未完成重建戶數約49000戶，其中需政府協助重建者尚有40000戶，計畫以特別預算中的社區重建更新基金1000億元予以協助。

需由政府協助重建之4萬戶中，依不同之開發屬性可分別為：原地重建（個別住宅）、新社區開發、整體都市更新、土石流遷村、原住民聚落重建等不同類型，針對其需求及困難情形予以協助。

二、輔導就業與生活重建

為協助災區失業者順利就業及恢復就業市場活力及有效紓緩災區失業者失業問題，積極辦理各項中長期就業輔助措施，以加速災後重建工作，具體作為包括：於「九二一震災重建暫行條例」中增修訂相關規定，增加災區民眾之就業工作機會；對於災區民眾工作技能不足者，予以安排職業訓練；同時成立「災區重建大軍就業方案」，藉由開

辦潛能激勵研習班及技能訓練班，提升災區失業者就業能力。為協助
震災地區民眾早日走出震災陰霾，降低因震災引起之心理創傷症候群
及相關精神疾病之發生率；建置「高關懷」、「高危險群」災民基本資
料（口卡），並進行積極性、密集性之預防與心理復健工作。

　　建立轉介、照會網絡，加強通報系統之聯繫，俾發現需協助之個
案時，可迅速轉介、照會相關輔導系統，以減少自殺事件之發生。同
時整合政府及民間力量，積極進行心靈重建，提昇民眾調適壓力的能
力與情緒管理的技巧。

三、產業復甦與觀光重建

　　震災後迄今，政府由行政院開發基金「輔導中小企業升級貸款（第
七期）」提撥 500 億元辦理受災廠商優惠貸款，截至 2002 年 12 月底已
有 732 家獲貸，承貸金額共 72 餘億元，農業生產設施業已重建完成八
成，農業生產量已復甦，公、民營遊樂區及旅館業大致均已重建完成
與重新營業（如圖 3-4），重要聯絡道路也已大致整建完成並維持通暢。

圖 3-4　災後三年日月潭等已大致恢復生機

　　同時，在產業業者、地方政府及中央各部會共同合作，不斷加強宣傳促銷、辦理各項活動，同時，鼓勵各級機關及公務人員至中部地區辦理大型會議、文康活動或從事休假旅遊等，目前已有大量遊客回流，每逢連續假期主要風景觀光地區旅館住宿已一席難求，僅非假日期間遊客仍較少，值得業者與政府繼續努力。

四、古蹟與歷史建築保存

　　台灣之傳統建築材料由於大部分均是木材、土、磚類等，耐震性不佳，故九二一地震對中部地區的古蹟、歷史建築造成嚴重的損害，經公告指定之古蹟約有80處，依受損程度評估，應做緊急搶救措施有67處，其中全倒有台中縣霧峰鄉霧峰林宅及彰化縣員林鎮興賢書院，損壞嚴重有安全之虞者有南投縣藍田書院、登瀛書院、台中市樂成宮、張廖家廟、台中火車站、彰化縣鹿港龍山寺、開化寺定光佛寺，餘均屬較輕微但有部分仍須處理，並評估受損程度作適當保護措施。

　　為把握時機搶救古蹟，依其毀損程度及處理時程分成三種辦理方式；第一種為（一）緊急支撐加固，經勘查核定有37處，並由內政部補助8200餘萬元；第二種為局部整修，截至2002年12月正進行審查及發包階段；第三種為整修、重修、重建，由縣市政府擬定計畫，為搶救災區受損古蹟、歷史建築，而依文化資產保存法之規定，應儘速訂頒古蹟修復採購程序、古蹟重大災害應變處理辦法、歷史建築修復採購程序及歷史建築登錄輔助辦法，方能使相關機關有執行之依據並推動古蹟、歷史建築維護、修復工作。

五、大地工程與土石流防治

　　台灣地區地質脆弱、地理環境特殊、颱風豪雨及地震頻繁，極易引發沖蝕與山崩，九二一震災災區可能形成土石流二次災害之範圍，依據調查結果，中部地區包括南投縣、台中縣市、彰化縣、雲林縣、嘉義縣及苗栗縣等六縣市之土石流危險溪流共計 370 條、高危險潛在村落共計 65 處、崩塌地共計 21,970 處，崩塌地面積 11,299 公頃。崩坍產生之大量土石淤積河床，易受豪大雨沖流至下游地區，形成土石流災害。

　　依據日本地震經驗，地震後五年內災區山坡地更容易因雨而誘發土石流，是以未來幾年內，對於災區土石流災害之防範與治理是一項重點且刻不容緩之工作；災後有關土石流災害防治工作，包括：辦理土石流災害緊急水土保持處理、推動崩塌裸露地植生造林復育工作、辦理防災疏散演練、加強政令宣導、落實防災教育、擬定「九二一災區水土保持復建計畫」、協調整合土砂災害防治工作等五項。

六、替代役與重建人力應用

　　行政院於 88 年 5 月做出建立替代役新制的政策宣示，並於 89 年 7 月 1 日起正式實施，依替代役實施條例第四條規定：替代役分為社會治安與社會服務類兩種，其役別包括：警察役、消防役、社會役、環保役、醫療役、教育服務役等。新政府成立後，鑑於災區財政及專業人力嚴重不足之事實，特於 89 年度 5000 名替代役役男中，調整 1100 名赴災區服務，第並增列社區營造役役別，名額 200 名，以落實替代役男投入災區重建；完成基礎及專業訓練後，分發至九二一重建會及相關災區政府正式服勤。

註釋：

1. 九二一大地震又名集集大地震，九二一大地震對地震研究的重要性，不只是因為是台灣百年大地震，更由於中央氣象局於 1990 年開始建立地震觀測站，測得車龍埔斷層帶，位於平原與山地交接處呈 30 度，往東的雙冬斷層帶接角為 55 度，由於中央氣象局的地震觀測站及時而完整的紀錄地震波動（第一次完整地震波動紀錄為 1906 年舊金山地震），使得九二一大地震的研究，更形重要。

2. 除了逆衝斷層之外，尚有水平的滑移斷層及正衝斷層。

3. 經濟部中央地震調查所於 1998 年開始建立台灣地震資料，台灣目前有 42 條斷層帶。九二一地震發生後第一天，中央地震調查所即撥第一批地質調查人員赴災區勘查，1999 年 9 月 30 日完成卓蘭至竹山間地表破裂位置初步調查報告，並公佈於網站上，同年 11 月 12 日完成調直報告初稿，1999 年 12 月先後出版《九二一地震車籠埔斷層沿線地表破裂位置圖》及《九二一地震調查報告》，供各界參考。

4. 地震的規模（Magnitude）是指地震釋出的能量，目前通用者為美國地震學家芮氏於 1935 年所創；而所謂震度（Intensity）是表示地震時地面上的人所感受到震動的激烈程度，從 0 級到 7 級。

5. 當這種應力，大到使岩層產生變形，甚至斷裂時，地震便會發生，斷層破裂時，會形成地震波，向四面八方擴散，地震波可分為三種，縱波（又稱 P 波）、橫波（又稱 S 波）及表面波，縱波運動速度每秒約 5 公里，震動有如彈簧上下跳動，橫波速度每秒 3.5 公里，震動有如甩繩運動左右搖晃，表面波速度每秒約 3 公里，震動有如波浪，似划船搖晃。請參考蔡義本主編（1999）：地震大解剖。台北市：牛頓出版公司。及交通

部中央氣象局編印（1999）：地震百問。

6. http：//earthquake.usgs.gov/ eqinthenews

7. http://www.fema.gov/impact/usgs1213.htm.。

8. 李威儀（1995）：阪神大震災：日本戰後最大災害。建築師 243 期。民國 84 年 3 月。台北市：中華民國建築師公會。

9. 傷亡及房屋全倒、半倒的數字，因著時間的推移及統計的基準不同而有多種版本，例如死亡人數有說 2458 人、2492 人、2495 人、2505 人；失蹤人數有 47 人、54 人等版本；重傷有 679 人、707 人等版本、房屋全倒有 50450、51392、53661 間等不同版本；半倒有 46306、53024、53455 間等不同版本，請參閱經建會（2001）災後重建政策白皮書、九二一重建會統計資料及台灣省文獻會主編（2000）：九二一集集大地震救災紀實（上）等資料。

10. 行政院九二一重建委員會民國 89 年統計提要。

11. 參考民國 90 年 8 月 23 日行政院九二一重建委員會工作會報資料及內政部建築研究所（2001）：集集大地震建築物震害調查初步報告。

12. 參見連戰（1999）：生機與希望：災後重建的推動。中國時報。民國 88 年 11 月 1 日。

13. 九二一大地震發生兩個月前，民國 88 年 7 月 1 日為精省的基準日，因此所謂《省》的體系的說法，並不全然正確。

14. 參考民國 88 年 11 月 25 日台 88 內字第 43870 號行政院秘書長函。

15. 行政院九二一重建委員會（2000）：九二一重建願景。

16. 參見民國 89 年 6 月 1 日總統府新聞稿。

17. 行政院九二一重建委員會（2000）：九二一重建願景。

18. ＜重建區＞一詞只是社會上的說法，陳水扁總統則賦予政治上的意含，＜災區＞仍是重建暫行條例的正式法律用語。

19. 參見行政院農委會（2001）：九二一重建區土石流及崩塌地源頭緊急水土保持處理計劃：土石流及崩塌地整體治理工作手冊。民國 90 年 6 月。中華民國水土保持學會編印。及行政院農委會（2001）：九二一重建區土石流及崩塌地源頭緊急水土保持處理計劃成果發表會。民國 90 年 6 月。中華民國水土保持學會 編印。

20. 參見行政院九二一重建委員會民國 91 年 5 月 31 日新聞稿。

21. 請參考行政院九二一重建委員會（2001）：九二一震災災後問題探討暨民間團隊經驗交流研討《重建區重建生態規劃與生態工法》，東海大學災變研究中心。民國 90 年 4 月。

22. 請參考翁文蒂（2001）：非營利組織推動九二一重建社區總體營造之研究。東海大學社會工作研究所碩士論文。

23. 行政院九二一重建委員會（2000）：＜重建、績效、新願景＞簡報資料。

第四章　啟動災後重建：從蕭內閣到唐內閣

第一節　災後重建刻不容緩

　　現代社會由於都市化與人口的集中，使社會因天然災害而需負擔的潛在成本逐年增加；危機處理能力成為檢定政府施政能力的重要指標之一。

　　分析一項危機事件的處理，無論其為天災還是人禍，其立論基礎，有依不同的角度而有不同的理論（註 1），如有依事件發生過程而立論的危機產生論，區分為潛伏期、爆發期、擴散期與解決期四個階段；有依危機對人類社會的影響而立論的危機發展論，區分為威脅（Thread）、警告（Warning）、影響（Influence）、調查（Survey）、救援及風險控制（Rescue & Hazard control）及穩定（Stability）等六階段；有從危機管理的角度來觀察的危機管理論，將危機事件的處理分為四個階段，包括：紓緩（Mitigation）、準備（Preparedness）、回應（Response）及復原（Recovery）；亦有從政策制定過程而立論的政策分析論，而將危機處理區分為災變評估（Assessment）、控制分析（Control Analysis）、策略選擇（Policy Choice）、管理執行與評價（Implementation and Evaluation ）四階段；也有從災變發生開始後政府作為來觀察的救災重建論，區分為救災、安置與重建三個階段。

　　1999 年台灣發生的九二一大地震，現在已經進入解決期或者是說重建的階段；這個階段依重建工作所需要時間的長短，又可分為兩類，第一是短期結構性機制的迅速重建，主要是重建基本民生支援系統，

以解決民眾生存與日常生活的困難，諸如：水、電、瓦斯管線的恢復，破裂斷層與敏感地區的規劃、道路、橋樑交通系統的修復等等；第二是轉型性的基本社經結構機制的重建與改造，以解決重建區居民就業與地區性經濟發展的困境（圖 4-1），諸如就業機會的創造、住宅問題與居住環境的解決、產業的轉型、居民職業技能的培養等等。

圖 4-1　重建區農產促銷成為解決生活問題的重要方法

依據九二一重建暫行條例所定義的震災，是指民國 88 年 9 月 21 日於台灣中部發生之強烈地震，及其後各次餘震所造成之災害。災區指因震災而受創之地區。重建是以重建城鄉、復興產業、恢復家園為目的，整體重建計畫包括：公共建設計畫、生活重建計畫、產業重建計畫及社區重建計畫；依據行政院的推動構想，前三項計畫由中央負責；至於社區重建計畫，原則上以鄉鎮市為單元，由地方主動，中央協助，據統計包括南投縣 13 鄉鎮、台中縣 8 鄉鎮市、台中市、苗栗泰安、卓蘭、雲林縣古坑、斗六、嘉義縣阿里山鄉等均訂有社區重建綱要計畫。

　　陳總統在 2000 年 5 月 20 日的就職演說中宣示（註2）：去年發生的九二一大地震，讓我們心愛的土地和同胞，歷經前所未有的浩劫，傷痛之深至今未能癒合。新政府對於災區的重建工作刻不容緩，包括產業的復甦和心靈的重建必須做到最後一人的照顧、最後一處的重建完成為止。從文義來分析，現階段的重建工作，已逐漸由民生支援系統的重建，走向社經結構的重建與轉型改造。

　　2001 年元旦陳總統至災區訪視時主張（註 3）將＜災區＞的說法修正為＜重建區＞，在台灣社會也產生正面的回應，因此，＜重建＞現階段意義，即在基本民生支援系統的恢復與轉型性基本社經結構的重建與改造。至於如何才能達到這樣的目的，則不得不借重重建若干機制的建立（註4）。

第二節　蕭內閣時代救災安置機制

　　1999 年 9 月 21 日，台灣九二一大地震災變發生不久，李總統登輝於 9 月 25 日發布「緊急命令」，除了以移緩濟急的方式，調配必要經費外，在民國 88 年下半年及 89 年預算中，也以追加預算的方式，投入 1061 億元的經費，加速救災、安置與重建的工作。

　　同年 10 月，行政院成立＜九二一災後重建推動委員會＞，來統籌整合各方救災、安置與重建的力量。11 月 9 日行政院訂頒「災後重建計畫工作綱領」，除揭櫫重建目標與基本原則外，並訂定重建的架構、確定各重建計畫範圍、編製內容、格式、編報流程及時程，同時揭示各部會及各級級機關應辦理的各項救災、安置與重建事項，災後公共建設重建工作，分為《災後公共設施復建計畫》及《中長程公共建設

計畫》兩部分，此外還有產業重建計畫、生活重建計畫與社區重建計畫。

2000年5月，在政權交替之際，行政院經建會完成「災後重建計畫白皮書」，作為重建政策的宣示文件，連同2月間立法院通過的「九二一震災重建暫行條例」，此四者形成災後重建中，救災與安置的四大機制（註5）。其關係，如圖4-2。

這四大機制，政策層面是由行政院九二一震災災後重建推動委員會主控，一般業務則透過重建委員會的中部辦公室運作；這個機制隨著總統大選的政權輪替，而面臨轉型的需要（註6）。

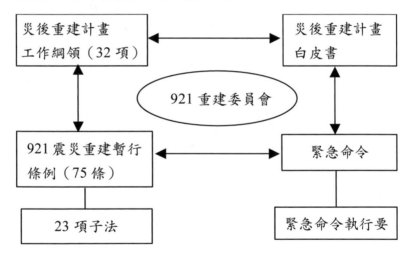

圖4-2　蕭內閣九二一救災與安置四大機制

九二一震災發生後，整個重建財源的規劃，根據行政院經建會當時的規劃，除90年度以後所需經費，配合中長程公共建設四年計畫分

年籌編外，包括：政府預算（88 年下半年及 89 年度約 1200 億元，其中公債及借款約 800 億元，移緩濟急及往年歲計剩餘約 400 億元），民間捐款、優惠貸款與鼓勵民間參與四種。

特別是民間及社會團體踴躍捐輸金錢及物資，也有奮不顧身投入救災重建者，由於各界捐款甚鉅，為統合運用以發揮最大效果，蕭內閣時期並宣佈由民間社會人士與相關單位共同組成《財團法人九二一震災重建基金會》，於 1999 年 10 月 13 日成立，首任董事長為辜振甫先生（註 7）。

在九二一基金會的協助之下，依據災後重建計畫工作綱領，進行社區重建計劃之規劃，總計補助五個縣市政府研修縣市綜合發展計畫、28 個鄉鎮市擬定重建綱要計畫、22 個原住民聚落重建規劃、74 個農村聚落重建規劃，以及 6 個縣級重建推動委員會、26 個鄉鎮級重建推動委員會、321 個社區級重建推動委員會行政運作費用，完成初步的重建方向（註 8）。

第三節　唐內閣災後重建機制

傳統上，九二一重建會的被賦予的任務主要有有三，一是和災區直接聯繫，二是和中央聯繫，三是統籌中央各部會的救災工作。

蕭內閣時期，救災災後經常被提出檢討者主要有三：1.災害指揮權責不清。2.缺乏完善之防災通訊網路。3.再補發三年房租案、資金高達 380 億元。

民國 89 年 5 月 20 日，民進黨政府上台，再度成立「行政院九二一震災災後重建推動委員會」，並自 6 月 1 日正式揭牌運作，陳總統並

揭示：「專責機構、事權統一；問題導向、功能分組；中央主動、地方參與；地方能做、中央不做」四項原則（註9），積極展開各項安置與重建工作；同時彌補可能因總統大選，而造成近半年資源使用的偏差與政策青黃不接的重建窘境。為了要推動接序而來的重建工作。

幾乎同時，自主性極高的九二一災盟向新政府發出6P重建綱領（註10），包括：人民優先（People Priority）、積極與主動（Positive & Proative）、高效能單一窗口（Powerful Center）、無利潤重建（Profit-delete）、降低痛苦指數（Painless）、夥伴關係（Partner with Government），這6P政策在政策層面也幾乎完全被新政府所接受。

1999年6月8日行政院九二一重建會執行長黃榮村召開任內第一次重建工作會報，會中除討論土石流處理、組合屋居住等迫切性議題之外，南投縣政府一口氣提報1174億元的重建經費需求，不論是真是假，對剛上路百事待興的重建會而言，形成沉重的壓力。

同年8月11日陳總統在災區宣示五項當前災後重要政策（註11），包括：協助災民及工商企業延長貸款期限並解決擔保品不足問題、解決遷村及產權爭議等住宅重建問題、加強處理災區土石流問題、加速修復災區重要道路橋樑與建立無醫村巡迴醫療網等重大措施。

民進黨政府成立初期，為了加速災後重建工作之進行，1999年8月7日，九二一重建委員會第一次向行政院提出13項重建困難問題（註12），請求協助，這些困難問題，包括：災區治山防災與大地工程問題、災區公共工程與教育重建問題、災區人口外流與就業問題、災區產業復甦與觀光重建問題（圖4-3）、災區居民安置與住宅社區重建問題、災區古蹟與歷史保存問題、災區人力應用問題等等。

圖 4-3　協助災區產業復甦為重建區經濟發展的重要工作

　　這些困難問題，非錢莫辦、無法不行。行政院長唐飛表示政府將研擬在營業稅課徵「附加捐」，經建會主委陳博志也要在營業稅附加「國民年金費」。根據財政部的說法，無論是在營業稅「附加捐」或「附加費」，都需要透過修正營業稅法才能實施。這些都是籌措財源的管道，實質上就是「加稅」的形式。加稅雖是不得已的最後手段，但目前並非加稅的好時機，對傳統產業的衝擊更必須審慎考慮。加稅或類似加稅的作為，在民進黨政府成立初期，曾多次被討論，但也許因為景氣持續低迷，也許是衝擊太大，最後並未採行。

　　為配合未來重建需要，行政院原擬議自 90 年度起至 92 年度止，三個年度內籌辦「九二一震災災後重建特別預算」，其需求經費數額合計約為 2100 餘億元，但這一項經費如果放在總預算予以考量，將面臨兩項無法克服的難題，一是預算的排擠效果，一是中央政府負債勢必超越公債法規定的上限（註 13）；經過行政院高層多次的會商，最後研議以特別預算、發行特別公債方式籌應，一方面可以防止因預算排擠造成的施政問題，一方面可以突破公債法的限制。

　　為加速地震災區重建工作，行政院九二一震災重建委員會，8 月
10 日提出震災重建特別預算，估計從 90 年度起到 92 年度止，三年的
災區重建投資總經費將達 2456 億 4436 萬元。重建委員會執行長黃榮
村說，重建特別預算動用，重建委員會將扮演「申請窗口」的角色，
透過審核，避免重建資源重複浪費。預計從 90 年度起到 92 年度止，
三年內重建財政總需求要 2456 億 4436 萬元，包括 90 年度 811 億 4 千
萬元、91 年度 751 億 2 千多萬元、92 年度 893 億 7 千多萬元。

　　重建工作牽涉到中央超過 15 個以上的部會，9 個縣市政府及超過
30 個以上的鄉鎮公所，為了災後各項重建工作效率需要，重建會與行
政院研考會整合原公共工程管考系統，共同建立四類三級進度控管機
制。所謂三級是指最重要方案由行政院控管，重要方案由部會控管，
一般方案由縣市自行控管；所謂四類，是指按業務性質與控管層級區
分為四大類，如表 4-1 所示。

表 4-1　重建工作控管區分

類　　別	行政院控管	重建會控管
政策追蹤案件	第一類控管＜包括總統、副總統、行政院長、副院長及重要會議決定事項＞	第三類控管＜包括民眾陳情、國會議員關切、地方反映事項＞
計劃追蹤案件	第二類控管＜包括中央主管之計劃及預算執行事項＞	第四類控管＜重建會自行選定之計劃型案件＞

　為關懷九二一災區民眾，報載牛耳基金會與銀行業者、萬事達卡國際組織，聯合新聞網、奇摩站等單位合作捐贈紅利點數到災區。此次舉辦國內第一次以募捐信用卡紅利回饋點數的方式，向經濟受創最重的災區做回饋。持卡人只要捐出信用卡紅利點數，主辦單位將結點數向災區糕餅業者訂購月餅，分送災戶，讓災區民眾感受同胞關懷（註14）。而重建委員會也陸續與臺灣銀行、土地銀行、合作金庫及玉山銀行合作發行認同卡，藉以幫助災區兒童的就學、失親家庭的就養、孤苦老人的扶助，乃至殘障與原住民同胞的扶助。

　民國 89 年 2 月間公布的「九二一震災重建暫行條例」，因有關災區地籍測量之實施、集合式住宅之重建、促進災區失業者就業措施、安置受災戶用地之取得等問題，仍亟待解決，另為因應災區民眾之重建需求及切合災區現況，積極進行修正重建條例，並於民國89年十一月 10 日經立法院第四屆第四會期第十三次會議三讀通過，總統並於 11月 29 日公布施行，期能更有效推動災後各項重建工作。至此，重建條例修正案、特別預算及控管機制，成為災後重建的三大核心機制，其關係如圖4-4所示。由於政府財政狀況並不理想，根據行政院估計，歲收差短現象益見嚴重，例如在 88 年下半年及 89 年度預估中央政府財政收入將減少 322 億元，地方政府財政收入減少 46 億元。而災區四年重建究竟需要多少經費，921 重建委員會成立之初，原先冀望災區縣市能以審慎的態度，經算出經費需求，但縣市普遍存有既然中央買單，有錢能辦事的心理，2000 年秋冬之際，重建委員會執行長黃榮村拜訪台中市時，台中市提出 50 億元的經費需求，南投縣提出 3000 億元的需求，重建經費如果沒有好好把關，其後果顯然十分嚴重。

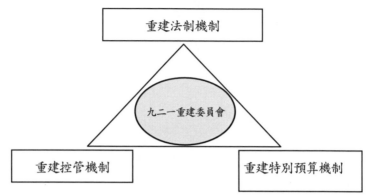

圖4-4　唐內閣災後重建三大機制關係圖

　　而為避免排擠效應，重建工作必須要有優先順序，與民眾生命財產有關的，如土石流問題應列為第一優先解決，安置、住宅列為二年內完成，第三、四年則進行整體社區規劃。行政院 921 重建委員會、營建署、公共工程委員會和教育部，針對災區學校重建進度，也會商出多項決定。包括：自籌經費重建的災區 193 所中小學校，原定 2001年年底才能全面完工，提早三個月在 9 月前完工；1 億元以下較小規模重建工程，則以 2001 年 4 月春假為完工期限。在政府行政作業程序上盡量解決困難縮短時程，實施「趕工獎金」制，鼓勵承包單位加快重建，並為兼顧工程品質，將採加強控管措施。至於工程設計時間，則仍保留三個月時間以利做出完善設計。5000 萬元以下重建工程，由縣市自辦發包；其他 1 億元以下不需要公開競圖的工程，應於 2000 年 7月完成建築師遴選；1 億元以上工程則應於 2000 年 8 月前完成遴選。

　　為了解決人力不足問題，政府也應用替代役來投入重建工作，替代役的角色有三：輔助機關任務的執行、協助政府公共事務的進行及協助相關社會服務。替代役的功能有四：解決重建人力不足的問題、

增近對災區的了解與促進社會融合、培養替代役員愛鄉愛國情操及增進學習過程與機會。此外有社會役，其任務是以愛心、耐心並在尊重人格尊嚴之下，辦理以下任務：擔任災區高危險群口卡調查及建立；以社區為主體的日常生活照顧、臨時照顧、送餐服務、復建服務、精神支持；以機構為基礎的機構內照顧及庶務工作，擔任獨居老人與病、殘榮民及身心障礙者之照顧。

第四節　重建前後期政策的比較

鑒於災後重建工作有其持續性與延續性，國民黨政府於災後成立「行政院九二一震災災後重建推動委員會」，由行政院長蕭萬長擔任召集人，副院長劉兆玄擔任執行長，運作至民國88年年底後，逐漸走入常軌的行政體制運作；民進黨政府於89年5月20日成立後，依據「九二一震災重建暫行條例」第五條之規定，再度成立「行政院九二一震災災後重建推動委員會」，並自89年6月1日正式揭牌運作，積極展開各項救災重建工作。自此，九二一災後重建工作，真正跨越政黨輪替。因此，吾人可以把九二一災後重建期再區分為重建前期（2000年6月1日以前），重建後期（2001年6月1日——2003年12月31日？）及後重建時期（2003年1月1日？——？）三個時期。

民進黨政府成立後的九二一震災災後重建推動委員會重要職掌，主要有：第一災後重建工作整體計畫之統籌規劃與審議、地方重建委員會之協調、民間支援之協調、法規彙整及新聞聯絡事項（企劃處）。第二，災區土石流、山坡地、河川、堰塞湖等災害防治與水土保持、水利設施或生態環境保護等重建工作之協調、推動及督導事項（大地

工程處）。第三，災區行政機關、文教、道路、電信設施等公共建設之重建、歷史性建築之修建與建築廢棄物之處理等工作之協調、推動及督導事項（公共建設處）。第四，災區產業重建與發展工作之協調、推動及督導事項（產業振興處）。第五，災區居民福利服務、心理輔導、組織訓練、諮詢轉介、就業服務、職業訓練、醫療服務與公共衛生等生活重建工作之協調、推動及督導事項（生活重建處）。第六，災區地籍與地權整理、都市地區與鄉村區更新、農村聚落與原住民聚落重建工作，行政院社區重建更新基金之管理、房屋貸款專案融資之協調、推動及督導事項（住宅及社區處）。第七，災區重建工作之管考、人民陳情、議事、文書、印信、出納、庶務、人事、會計及檔案管理事項（行政處）。

　　依據九二一震災重建暫行條例第五條規定，行政院九二一重建委員會主要是負責重建事項之協調、審核、推動及監督，而實際執行重建工作則為相關部會及重建區地方政府，該會各處與各部會關聯表如表4-2：

表4-2　九二一重建會與各部會關聯表

九二一震災災後重建委員會（負責重建事項之協調、審核、推動及監督）	相關部會（負責重建事項之執行）	備考
企劃處	經建會、研考會、新聞局、台灣省政府	
大地工程處	經濟部、農委會、環保署、工程會	

住宅及社區處	內政部、財政部、原民會、經建會、農委會、工程會	
公共建設處	工程會、教育部、內政部、交通部、文建會	
產業振興處	經濟部、交通部、農委會	
生活重建處	衛生署、內政部、勞委會、教育部、環保署、青輔會、原民會、文建會	
行政處	研考會、人事行政局、主計處、台灣省政府	

　　詩經（註 15）記載公元前 780 的大地震：燁燁震電，不寧不令；百川沸騰，山冢崒崩；高岸為谷，深谷為陵。古人對於天災，無可奈何，現代人對於天災，雖然不能讓它不再發生，但卻必須想辦法如何與之共存。重建條例修正案的通過，不只是為弱勢災民鋪陳重建之路；更應為爾後重大災變定下可以遵循與學習的一條路。

　　大破壞之後的大建設，如果單靠某一部門的努力，必然不夠。二十世紀的一百年；我們看到處理災變的主導者由早期的紅十字會，到中期的政府警政消防部門，再到現在的多功能、跨部會運作，正如佩塔克（William J. Petak）在災變管理：公共行政的挑戰一文中所指出的（註 16）：當代公共行政的新挑戰就是災變管理。精省之後，分權化的行政體系，必然更加分權化，美國 FEMA 的治理共享（Shared Governance 註 17）的管理模式，也許值得我們學習。這種治理共享的管理模式，包括決策權力與資源的分享、包括計畫設計與責任的分攤，重建成功的關鍵，必然是建立四個合作基礎之上：中央部會的相互合

作、中央與地方的相互合作、政府與民間團隊的相互合作以及朝野政黨的相互合作。

註釋：

1.　請參考余康寧：危機管理研究：政策設計面的探討（載於行政管理論文選集第十輯；銓敘部主編，民國 85 年 5 月。）、William J. Petak（1985）：Emergency Management: A challenge for Public Administration. Public Administration Review Vol45.、R.E. Kasperson and K.D. Pijawka（1985）:Social Response to Hazards and Major Hazard Events Public Administration Review Vo145、Dennis Wenger（1978）：Community Response to Disaster：Functional and Structural Alternatives in Disasters，Theory and Research ， Edited by E.L. Arantelli ；Http://www.fema.gov/library。及蕭萬長：行政院九二一震災災後重建推動委員會議第十三次會議記錄院長總結。民國 89 年 5 月 12 日。

2.　鍾起岱（2001）：集集大地震災後重建機制的建立。研習論壇。南投：行政院人事行政局地方行政研習中心。民國 90 年 8 月。

3.　陳水扁（2000）：第九任中華民民國總統就職演說。2000 年 5 月 20 日。

4.　陳水扁（2001）：訪視南投啟智教養院講話。2001 年 1 月 1 日。

5.　參考劉兆玄：九二一震災災害及處理情形總結報告。民國 89 年 5 月 12 日。

6.　參考鍾起岱：新政府、新觀點、新政策--談災區重建的困難問題與解決方向。載於研考雙月刊二十四卷第五期：民國 89 年 10 月。

7. 新政府成立後，董事會於 2000 年 6 月 19 日改組，由殷琪女士擔任董事長，座右銘為：用熱情參與重建，以誠意喚回愛心。

8. 請參考謝志誠（2001）主編：社區重建之綱要計畫要覽；謝志誠（2001）主編：原住民聚落規劃要覽；謝志誠（2001）主編：農村聚落規劃要覽。財團法人九二一震災重建基金會；民國 90 年 9 月。鍾起岱（2002）主編：重建地區 24 鄉鎮市九二一重建重大施政與願景成果彙編。行政院九二一震災災後重建推動委員會。民國 91 年 4 月。

9. 參見民國 89 年 6 月 1 日，行政院九二一災後重建委員會揭牌書面資料。

10. 參見

http://www.south.nsysu.edu.tw/sccid/a1/naper/naper000608.htm。

11. 參見民國 89 年 8 月 11 日行政院重建委員會新聞稿。

12. 參見民國 89 年 8 月 7 日行政院第 67 次政務會談，九二一震災災後重建委員會所提重建困難與待解決事項提案資料。

13. 依據公共債務法第四條第四項規定：各級政府每年舉債額度，不得超過各該政府總預算及特別預算之百分十五。

14. 參考行政院九二一重建委員會（2001）：企劃處簡報資料。

15. 見詩經—小雅（十月之交）。

16. 請參考丘昌泰、陳淑君（1993）：當代公共行政新挑戰：災變管理的理論與實際（載於行政管理論文選集第七輯；銓敘部主編，民國 82 年 5 月。）William J. Petak（1985）：Emergency Management: A challenge for Public Administration. Public Administration Review Vol45.

17. 請參考丘昌泰、陳淑君（1993）：當代公共行政新挑戰：災變管理的理

論與實際（載於行政管理論文選集第七輯；銓敘部主編，民國 82 年 5月。）

第五章　落實災後重建：困難、問題與解決

第一節　前言

　　1999 年 9 月 21 日凌晨 1 時 47 分，台灣地區發生芮氏規模 7.3 的強烈地震，其震央（Earthquake Hypocentre）位置位於北緯 23.87 度，東經 120.75 度，也就是位在南投日月潭西方 12.5 公里附近的位置，震源（Earthquake Focus）深度為地表下 7.5-10 公里。本次的地震造成了 2505 人喪生（含失蹤 54 人）、11305 人受傷、數萬間房屋倒塌損毀以及多處工程構造物損壞的慘劇（註 1）。10 月 12 日，嘉義發生規模 6.4 的強震，所幸僅有少數災情。

　　行政院於次日 9 月 22 日成立「九二一地震救災督導會報」，27 日改組成立「九二一震災災後重建推動委員會」，以協調各項救災安置事宜。當時行政院指派劉副院長兆玄擔任執行長，其下設 13 個工作推動小組，分由相關主管部會首長負責，協調推動相關救災安置事宜；另為便於彙整災情，迅速支援各項決策，9 月 28 日於台中市警察局設置「災後重建推動委員會中部辦公室」，作為各項救災與重建的主要機制。

　　「九二一震災重建暫行條例」於 89 年 2 月 3 日總統公布實施後，行政院依據該條例第五條規定，於 89 年 5 月 10 日函頒「行政院九二一震災災後重建推動委員會設置要點」，以任務編組方式將前開十四組業務分工納入。其實早在設置要點公佈之前，行政院已經是以此一模式運作，這項頒布，其實只是完成法制化的程序。

　　陳水扁政府於 89 年 5 月 20 日成立後，行政院隨即改組，為規劃於四年內完成相關災後重建工作，積極加強與災區地方政府之協調，落實執行各項災後重建措施，原任務編組設置要點，顯不符合重建需要，因此民進黨政府秉持「專責機構、事權統一；問題導向、功能分組；中央主動、地方參與；地方能做、中央不做」四項原則，依據「九二一震災重建暫行條例」第五條規定函頒「行政院九二一震災災後重建推動委員會暫行組織規程」，以單一窗口、專責機構、統一事權、問題導向、功能分組、擴大參與等機制，負責災區災後重建之規劃、協調、審核、推動及監督事宜。

　　九二一重建工作無疑是政府遷台半世紀以來，最大規模的災難重建工作，這一個重建工作又橫跨國民黨與民進黨政府，我們可以很明顯的看出兩個不同階段價值觀的差距，也可以發現不同的觀點在此相互激盪出美麗與哀愁式的火花（註 2），因此本章主要從幾個不同的觀點來深入探討落實災後重建：困難、問題與解決。

第二節　民間的幾個觀點

　　陳水扁總統在民國 89 年 5 月 20 日就職演說中，特別提出關於災區重建的政策性宣示「去年發生的九二一大地震，讓我們心愛的土地和同胞歷經前所未有的浩劫，傷痛之深至今未能癒合。新政府對於災區的重建工作刻不容緩，包括產業的復甦和心靈的重建，必須做到最後一人的照顧、最後一處的重建完成為止。」（註 3）。

　　這個政策宣示無疑地顯示民進黨政府執政後對災區重建的急迫感與急切感，討論政府災區重建前後期政策之前，我們先來看看民國 89

年幾個民意調查：

6月21日，全國民間災後重建聯盟發表「九二一重建區」第四次民意調查。調查結果顯示，近二成五民眾認為新政府在九二一重建工作的表現「還算滿意」，而不知新政府對於災區重建工作是否比舊政府做得更好的民眾則近達七成。調查顯示民眾對新政府重建工作的表現覺得「還算滿意」，約五成五災民表示「不知道」。（註4）

7月25日，九二一震災重建基金會執行長謝志誠教授於南投縣震災社區重建座談會中說，震災過了十個月，光是重建規劃費，就花掉兩億元，只換來了131本重建規劃報告書。（註5）

7月29日，全國民間災後重建聯盟民意調查結果顯示，7月份，無論是災民與非災民，對於中央政府重建工作的表現均不太滿意。中研院長李遠哲於全盟記者會時指出，政府債台高築，過去一直靠舉債度日，目前舉債金額已高達2兆54億，到年底前，舉債金額就將超過3兆，超過公共債務法規定政府的舉債上限15%。李遠哲首度以憂心忡忡的語氣說出「災區老百姓真的等不下去了」的重話，力促新政府考慮「加稅」或開徵「附加捐」（註6）。

8月10日，內政部公布的國民生活狀況調查報告，調查去年發生的九二一大地震對國人的影響，結果發現，去年有高達八成一的民眾曾伸出援手捐款，不過其中僅三成捐給政府。另外，國人對政府救災績效的滿意度僅四成一；不滿意的原因有政府沒有做好救援資源分配及救援速度太慢，且民眾認為民間救助團體出力最多，只有一成三七的民眾認為政府有出力救助。（註7）

第三節　政府災區重建觀點的演進

一、蕭內閣時期

　　蕭內閣時期，也就是蕭萬長先生擔任行政院長期間，重建推動委員會雖然設於台北，其實只是一個以政策協調為主的機制，主要的救災安置工作則借重＜中部辦公室＞，隨著災後救災、安置與重建時程的推移，初期著重緊急搶救災民，中期著重於安置災民，後期強調復原與重建；民國88年9月25日是第一個轉折點，這一天總統公佈有效期間半年的緊急命令；88年10月25日是另一個轉折點，在當日召開的第六次委員會議中，蕭內閣決定將原來委員會下設的13個工作分組予以調整，除了原來的企劃組、行政組、財務組、後勤組及新聞組繼續辦理後續支援任務，為因應階段性任務的遞移與災民需求的新增，委員會業務功能重新調整為14個分組。

　　為期各級政府研擬之重建計畫均有原則可循，行政院經建會訂定了《災後重建計畫工作綱領》，於民國88年11月9日行政院前九二一重建委員會第八次委員會議通過，這個重建計畫工作綱領，確立了爾後整體災後重建政策的基本架構，如圖5-1，主要內涵揭櫫公共建設、產業重建、生活重建與社區重建四大計畫也提出整體重建政策目標，主張：（1）打造關懷互助的新社會；（2）建立社區營造的新意識；（3）創造永續發展的新環境；（4）營造防災抗震的新城鄉；（5）發展多元化的地方產業；（6）建設農村風貌的生活圈。四大重建計畫中，公共建設、產業重建、生活重建三大計畫由中央主導；社區重建計畫由地方主導，民間參與、中央支援，形成民眾、專家、企業、政府四合一的工作團隊。

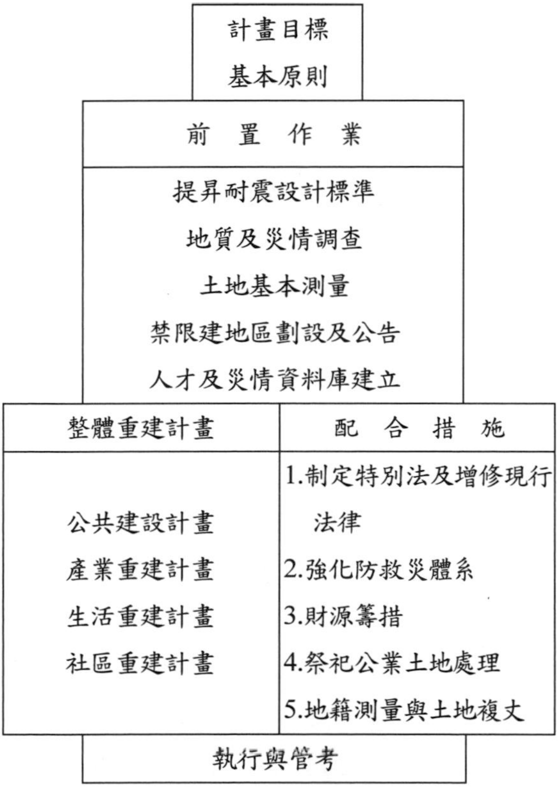

計畫目標
基本原則

前　置　作　業

提昇耐震設計標準
地質及災情調查
土地基本測量
禁限建地區劃設及公告
人才及災情資料庫建立

整體重建計畫	配　合　措　施
公共建設計畫 產業重建計畫 生活重建計畫 社區重建計畫	1.制定特別法及增修現行 　法律 2.強化防救災體系 3.財源籌措 4.祭祀公業土地處理 5.地籍測量與土地複丈

執行與管考

圖 5-1　災後重建政策架構

　　而民國 89 年 2 月 3 日又是一個轉折點，因為這一天總統公佈「九二一震災重建暫行條例」，其施行期限為 5 年，亦即至民國 94 年 2 月 4 日為止，根據暫行條例，行政院又陸續公佈 60 項子法，作為重建條例的執行工具。民國 92 年元月，立法院三度修正暫行條例，增訂第七十五條第二項，將施行期限，授權行政院於到期前可經立法院同意，再延長一年，估計重建暫行條例可能因此而延長至民國 95 年 2 月。

　　從政府因應地震災變的先後順序來分析，可以約略分為三個階段；救災、安置與重建，1999 年年 9 月 25 日總統公佈的緊急命令大抵是因應救災及安置兩個階段的需要，重建暫行條例則著重在銜接緊急命令與災區的恢復與重建；依據資料顯示（註 8），此一時期共召開 57 次重建工作會報，13 次委員會議。在最後第 13 次的委員會中，決定災區重建恢復常制，依部會正常體制運作。

　　2000 年 5 月，政權交替當時，行政院工程會針對九二一震災災後重建計畫執行狀況的統計資料顯示，從中央到地方 26 個執行機關中，列管的重建計畫有 10679 項計畫，總經費高達 481 億元，截至民國 89 年 7 月 5 日完工的工程有 3275 件，進行中的有 5221 件，發包率為 58.22%，尚未提報的計畫有 2183 件，如表 5-1。這個執行率看起來仍有很大的努力空間，對剛執政的民進黨政府而言，挑戰正要開始。

表5-1　九二一震災災後重建計畫執行狀況統計表　　　單位：千元　　資料日期：民國89年07月05日

項次	主辦機關	列管計畫件數	計畫經費	已完工		進行中		發包狀況			尚未提報
				件數	已支經費	件數	已支經費	預定分標件數	已發包件數	發包率	件數
1	內政部	1	240,000	0	0	1	3,220	32	7	21.88%	0
2	國防部	176	1,870,824	96	124,909	80	98,086	218	178	81.65%	0
3	教育部	1833	13,521,764	456	853,042	604	345,385	3,065	1,513	49.36%	773
4	法務部	12	146,136	5	7,036	7	11,600	36	33	91.67%	0
5	經濟部	79	2,803,382	40	633,581	31	352,356	150	120	80.00%	8
6	交通部	1359	6,826,936	632	859,226	296	402,879	1,688	1,170	69.31%	431
7	人事行政局	1	9,000	0	0	1	1,072	2	2	100.00%	0
8	行政院衛生署	16	111,257	6	1,350	10	16,118	46	37	80.43%	0
9	國軍退除役官兵輔導委員會	3	319,722	1	4,330	2	25,768	10	9	90.00%	0
10	文化建設委員會	3	112,055	0	0	3	8,433	15	10	66.67%	0
11	農業委員會	1217	4,237,442	523	812,696	694	454,515	1,247	894	71.69%	0

12	環境保護署	71	871,501	3	553	68	140,202	78	26	33.33%	0
13	體育委員會	31	173,270	2	2,500	29	4,227	41	15	36.59%	0
14	司法院	6	65,013	1	5,193	5	14,310	58	52	89.66%	0
15	臺灣省政府	19	108,709	1	820	18	2,934	35	7	20.00%	0
16	台灣省諮議會	4	68,800	0	0	4	7,488	7	4	57.14%	0
17	苗栗縣政府	288	389,780	91	32,089	48	18,286	289	134	46.37%	149
18	臺中縣政府	1144	4,187,299	475	300,347	528	299,192	1,209	979	80.98%	141
19	彰化縣政府	174	271,877	58	3,304	116	13,415	209	145	69.38%	0
20	南投縣政府	3064	9,296,920	414	136,578	1969	158,770	3,126	1,106	35.38%	681
21	雲林縣政府	162	450,819	7	9,640	155	4,445	162	41	25.31%	0
22	嘉義縣政府	747	1,072,461	354	117,272	393	118,760	712	658	92.42%	0
23	臺南縣政府	1	3,000	0	0	1	0	1	0	0.00%	0
24	新竹市政府	6	25,100	2	4,918	4	0	11	7	63.64%	0
25	臺中市政府	235	933,244	100	131,152	135	123,226	297	270	90.91%	0
26	嘉義市政府	27	75,574	8	1,190	19	4,501	43	28	65.12%	0
合計		10679	48,191,984	3275	4,042,026	5211	2,629,187	12,787	7,445	58.22%	2183

二、唐內閣時期

　　唐內閣時期，也就是唐飛先生擔任行政院長期間，重建委員會置召集人與副召集人，分別由院長與副院長擔任，委員 29 人至 33 人，由召集人就政務委員、相關機關首長、災區地方政府及民間團體代表派（聘）兼之，並以每月定期召開委員會議；另置執行長 1 人，副執行長若干人，其中執行長一職經院長指請黃政務委員榮村擔任；該委員會下設企劃處、大地工程處、公共建設處、產業振興處、生活重建處、住宅及社區處、行政處等 7 處，初期實際工作人力規模約為 155 人，均為專職調兼人員，就各部會中部辦公室與臺灣省政府現有人員優先調兼。委員會並於 89 年 6 月 1 日正式掛牌運作，擔任控管與跨部會協商、統合的角色，新組織的特色是：

1. 擺脫以往業務分工、本位主義的組織型態，朝向相關業務整合，事權統一的組織型態。

2. 包括以「問題解決」為導向，協助災區災民復建工作；以目標管理推動災後復建工作；以「全年無休」類似便利商店之精神服務災區民眾；直接於災區設置「重建推動委員會」，更貼近服務災民，可收總統提示如媽祖「聞聲救難」之效。

3. 以績效監督掌握災區重建實際進度，預計以 4 年時間加速完災後重建工作。

4. 以單一窗口型態設置，便利災區各縣市復建事項之申辦。

三、救災重建的比較

在蕭唐內閣替代之際，行政院於民國 89 年 5 月 15 日制定了災後重建政策白皮書，在白皮書中規劃了未來關於生活重建、教育重建、城鄉景觀、國土規劃與管理、產業發展及防災安全六大願景。至此，九二一震災重建暫行條例、災後重建計劃工作綱領及災後重建政策白皮書成為推動重建工作的鐵三角。如圖 5-2 所示：

九二一震災重建暫行條例

重建推動
委員會

災後重建政策白皮書　　　　　　　　災後重建工作綱領

圖 5-2　推動災後重建工作鐵三角

蕭內閣時期正值災變發生，政策的重點是救災與安置，這從總統的緊急命令中，可以看出，唐內閣成立後，政策的重點逐漸移轉至重建與再出發，同時，特別強調重建價值的確立。民進黨政府在首次的政黨輪替後的行政院 90 年度施政方針中，勾勒出「充滿活力，值得信任的政府」，是否能夠贏得人民的認同與滿意，災區重建無疑的具有觀察指標意義。

在災區重建方面，民進黨政府也提出「整體國土綜合規劃、政府與民間夥伴關係、堅韌的社區力量」作為推動重建的三項主軸（註

9）。

　　從這個角度來觀察；蕭、唐內閣對重建工作最大的不同觀點，可能不在政策，而在於推動機制；蕭內閣認為重建工作應該回歸常制，而唐內閣認為應該以特別機制、乃至特別預算來處理，新舊委員會功能的區別比較參見表 5-2。

表 5-2　唐、蕭內閣政府九二一震災重建委員會差異對照表

原則：專責機構、事權統一，問題導向、功能分組，中央主動，地方參與，地方能做，中央不做		
比較項目	唐內閣	蕭內閣
組成方式	以「組織規程」方式設立專責機構	以「設置要點」方式設立任務編組
委員會組成	29-33 人，政務委員、相關部會首長、災區地方政府與民間團體代表	35-39 人，政務委員、相關部會首長、災區地方政府
一級主管	兼任常駐	兼任
工作人員	均為專職調兼人員	相關機關派兼
分組原則	問題導向、功能分組（七組）	行政導向、部門分組（三組）
機動功能	「災區巡迴輔導小組」	無
辦公地點	常設於重建區、原中興新村臺灣省政府府保八大樓	設於台北，另於台中市警局五樓設置臨時辦公室，現已撤退
預算	各部會編列、委員會統合規劃運用	各部會編列，各部會自行推動運用

第四節　災後重建後期工作目標

一、總統的承諾

如果以陳水扁總統就任時間區分九二一重建時期的不同，2000 年 5 月以前的國民黨執政時期可稱為重建前期，2000 年 6 月民進黨執政時期，可稱為重建後期。陳水扁總統在第一次出國訪問前夕，民國 89 年 8 月 11 日特別巡視南投九二一地震災區，關懷災區民眾生活，並提出優惠貸款、重建融資、整治土石流專款、修復重要觀光道路以及完成巡迴服務醫療網五大方案，希望能加速協助災區重建，提出的災區三年重建特別方案，期能以特別立法爭取特別預算，加速災區重建進度。這五項政策包括：（註 10）

（一）貸款部份：集合式住宅戶數眾多，重建與修繕之協調與整合不易，將提供適當額度給予優惠貸款，不受中央銀行所提供一千億專案融資貸款額度之限制。而半倒災民之舊購屋與非購屋貸款利息，原展延期間半年到期後，爭取可申請展延一年。工商業舊貸款本息繳還期限，爭取可申請延長一年。政府也將編列 20 億元供協助九二一震災企業貸款信用保證使用，以解決擔保品不足問題。

（二）為解決遷村、產權爭議及其他無法取得貸款資格災民之重建、修繕、租賃與購屋問題，政府將籌措經費採補助、融資與投資方式，興辦原地重建、新社區開發、都市更新、遷村與原住民住宅等工作。此項工作重建委員會統籌處理之後，即應規劃與民間、企業合作發展之機制，以加速重建。

（三）對災區土石流等問題預計三年內投資 100 億元整治，以維護災民生命財產安全。

（四）預計民國 90 年 4 月前完成南投等災區內重要橋樑與五條重要聯外與觀光道路之修復（含水里信義段、溪頭、埔霧段、日月潭、谷關等），以振興災區觀光產業。

（五）為照顧災民生活疾苦，半年內將建立無醫村巡迴醫療網，以服務當地災民。

這五項政策，重建委員會也特別向行政院院會提報，成為行政院的正式決策。

二、創新重建工作機制

九二一震災發生不到一年，據行政院主計處資料顯示到 89 年底共需辦理 1060 多億的追加預算。民國 89 年更由於政權交替，救災、重建預算執行回歸各部會，其間缺少專案控管單位。

而依據當時行政院公共工程委員會的資料，部分工程進度落後頗為嚴重，甚至引起監察院的重視。而重建暫行條例由於通過當時的情況，與後來實際的狀況已經有很大的不同，各方均有不同意見，民進黨政府並將之列為最重要的修正法案。

由於國民黨主政期間重建機制因回歸常制而必須另起爐灶，改組後的行政院多次責成九二一重建委員會務必從民國 89 年 9 月起全面控管震災重建進度和預算執行，這樣的控管包括兩部分，一是以行政院的名義控管相關部會，一是以重建會的名義控管地方政府。重建控管機制有下列幾項：

第一、全盤掌握災後重建整體經費流向，建立控管機制。

第二、發揮單一窗口功能，使災區各縣市復建事項就近向重建會申請，毋需往返奔波於部會之間。

第三、有關災區重建工作計畫經費仍編列在各部會，惟重大經費動支與預算編列需送重建會審查與彙總，以收統籌之效。

第四、統合各級政府復建工作，消除各級政府復建業務重疊，提高復建績效。

三、災後重建總目標

如前所述，蕭內閣時期，災後重建有四大計畫與六大目標，而四大計畫又有各自不同的目標與願景，民進黨政府成立後，基本上是延續這樣的主軸而作小幅度的調整。

從 2000 年 6 月至 2002 年 12 月，筆者依據重建暫行條例、陳總統對災區重建工作的政策提示、九二一重建委員會暫行組織規程、院長對立法院施政報告、及總統、副總統、行政院長巡視災區的歷次談話，可以試著歸納災後重建工作總目標、災後重建工作施政方向、近程災後重建工作指標與中長程災後重建工作指標。

災後重建工作總目標其實就是重建暫行條例的立法理由及災後重建委員會設立的組織目標（註 11），包括：（1）完成災後重建工作整體計畫，恢復受災地區特有風貌及生機。（2）災區土石流、水土整治得到基本控制，生活環境、生態環境、生產環境得到基本保障，並恢復原有機能與機制。（3）完成災區行政機關、文教、道路及基本公共設施之重建工作，保障災區學童教育環境。（4）

完成災區產業基本設施整備，提昇居民所得水準至少至受災前的景況。（5）災區居民各項福利服務、心理輔導、就業職訓、醫療服務與公共衛生到達令人滿意的水準。（6）完成災區住民居住地區聚落重建與更新，滿足災區基本住宅需求。

四、災後重建工作施政方向

依據民國 89 年 6 月至民國 90 年 5 月，一年間總統政策提示、行政院長對立法院施政報告及重建會執行長歷次談話，可以大致歸納災後重建工作十大施政方向：（1）統合政府資源及人力，依據事權統一、問題導向、功能分組、單一窗口等原則成立特別預算，以劍及履及、未雨綢繆的精神，解決民眾困難。（2）強化災後重建推動委員會組織與功能，設置重建專責機關，加強縱向貫徹與橫向聯繫，並突破行政體制結構性問題，以單一窗口方式，加強推動重建事務；設立輔導小組巡迴災區，協助解決受災戶各項問題。（3）災區土石流、山坡地、河川、堰塞湖、危險村落等加強災害防治與水土保持，辦理崩坍、裸露地植生造林復育工作，並推動水利設施與生態環境保護之重建工作。（4）積極推動各項公共建設之重建工作；結合民間團體及企業，協助災區學校復建；儘速完成歷史性民間建物及古蹟等文化資產重建。（5）提供紓困貸款、投資租稅優惠，加速推動災區農業、工業、商業、觀光、有線電視等產業重建，並組成服務團，協助企業廠商解決問題。（6）結合政府與民間資源賡續辦理災區各種社會救助與福利服務工作，澈底解決災民創傷後壓力症候群問題。（7）振興產業、積極辦理職業訓練，並輔導就業；加強學校教學及學生輔導；延聘心理衛生專業人員，結合醫院、學校與民間志工團隊，重建災區醫

療及公共衛生體系，設置生活重建服務中心，提供心理復建服務。
（8）設立 24 小時免付費電話諮詢專線，運用媒體並透過各類藝
文活動，推動心靈重建工作，維護災區藝文工作者創作生機並協
助災民走出地震陰霾。（9）賡續進行災區地籍與地權清理；以地
方為主體，中央政府提供各項協助，透過社區總體營造（圖 5-3），
提升居民公共參與，並結合民間活力，加速推動都市地區與鄉村
區更新，以及農村與原住民聚落重建工作。（10）替代役役男優先
投入災區，加速災後重建工作，以災區民眾最切身的權益為優先，
四年內重建家園，讓整個災區呈現新的風貌。

圖 5-3　南投國姓魏家庄是集體重建成功的範例之一

五、近程災後重建工作指標

依據民國 89 年 6 月至民國 91 年 12 月，災後重建委員會歷次
工作會報、中長程計劃、中程施政計劃進成災後重建工作指標可
以歸納如下 19 項：

　　　1.　完成「九二一震災重建暫行條例」部分條文修正工
　　　　　作。

2. 積極推動中長期土石流防治及堰塞湖整治。

3. 學校重建工程分階段完成。

4. 集集鐵路支線修復通車。

5. 完成道路橋樑加固補強。

6. 加強扶助及心理輔導，完成重建區高關懷家戶評估并即時協助。

7. 獎勵公共工程優先雇用災區民眾。

8. 建立醫療缺乏地區之巡迴醫療團隊，責任定點服務。

9. 如期打通觀光地區交通命脈。

10. 加強改善觀光產業經營環境。

11. 寬編預算辦理觀光促銷活動。

12. 規劃災區重塑形象商圈。

13. 協助災區廠商取得優惠融資。

14. 協助災區農特產品促銷

15. 地籍重測於明年六月底完成。

16. 協助解決集合住宅重建。

17. 積極輔導個別住宅重建。

18. 成立信用保證基金協助受災戶住宅重建。

19. 輔導原住民部落遷村計畫。

六、中長程災後重建工作指標

　　隨著九二一重建工作逐步完成，重建的工作遲早將回歸常軌，中長程的災後重建工作指標，可以歸納以下 14 項：

1.　檢視災後重建總目標是否達到令人滿意的水準。

2.　檢視災後重建工作施政方向是否繼續或需修正。

3.　特別預算是否有依原定計畫妥善運用。

4.　九二一特別體制與正常體制之順利銜接。

5.　個別住宅重建超過九成，集合住宅重建超過八成。

6.　55 棟震損集合住宅修復補強全部完成。

7.　42 棟震損集合住宅完成最終鑑定。

8.　組合屋採先安置後拆除之處理原則，優先提供國宅、新社區平價住宅及集合大樓更新後之空餘屋以出租及先租後售之方式予以安置。

9.　對於原住民災民採用部落總體營造理念與方法，重塑兼具防災功能，再造具原住民文化特色的家園。

10.　持續辦理失依兒童及中低收入單親家庭生活扶助、老人及身心障礙者住宅修繕補助及弱勢族群緊急性經濟扶助。

11.　建置重建區完善的醫療保健體系、個案管理系統、傳染病監測及防治工作。

12.　規劃九條觀光路線，推動深度旅遊活動。

13. 協助重建區民眾就業，開創一萬九千個工作機會。

14. 以社區總體營造精神辦理社區防災，期達成防災避災，確保生命、財產安全。

第五節　災區重建面臨問題

全國民間災後重建聯盟在西元 2000 年 7 月下旬進行一項「災區社會福利需求」民意調查結果顯示，災區居住品質不滿意高達 41.1%，在工作和收入災民最大的壓力來源，災民因震災而失去工作者達 25.9%，災區兒童及青少年福利服務，也有 45%居民認為最需要是經濟補助（註 12）。

據差不多同一時間，行政院研考會一項研究報告指出（註 13），災變後政府面臨五大問題，包括（1）災害指揮權責不清；（2）缺乏完善的防災通訊網路；（3）消防救災人力不足設備與專業技術不足。（4）基本救災設備與專業技術不足。（5）鄉（鎮、市）級地震災害處理中心未發揮預期功能。這些問題有其本質上的嚴重性。

除此之外，依據重建會多次向行政院及總統府提出的報告，以下也可能是民進黨政府成立之後，災後重建首先面臨的棘手問題。

一、土地鑑界及重測問題

自 1999 年九二一大地震後，災區因地震造成土地位移、變形導致地籍錯動，災區土地鑑界及地籍圖重測工作，變得非常複雜

與困難，在行政院唐院長政策指示下，重建推動委員會積極協調由北高兩直轄市政府、各縣市政府及內政部土地測量局、聯勤測量署全力投入。災後初期由內政部地政司、土地測量局及國立成功大學赴災區檢測 1,119 點基本控制點，並由內政部調派台北市等 9 個直轄市、縣（市）政府計 21 組測量人力於民國 89 年 3、4 月二個月進駐台中縣及南投縣災區地政事務所，依據九二一震災重建暫行條例第八條規定：「因震災發生地層移動，致土地界址與地籍圖經界線有偏移時，直轄市、縣（市）政府地政機關應參酌地籍圖、原登記面積及實地現況辦理測量，並修正地籍圖。前項土地因震災致界址相對位置變形者，應先由該地政機關通知土地所有權人於 30 日內相互協議、調整界址及埋設界標。逾期未完成者，依前項規定逕行調整界址，據以測量。」及九二一震災地區土地複丈作業要點等相關法令協助辦理災區土地複丈工作。

但由於災後災區居民急於重建家園，土地鑑界、分割等複丈案件不斷激增，以南投縣為例申請界址鑑定案件較震災前增加三倍以上，為再次解決南投縣各地政事務所測量人力不足，受理人民申請土地複丈案件激增致嚴重逾期問題，由行政院九二一震災災後重建委員會及行政院游前副院長分別於民國 89 年 6 月 26 日及 7 月 5 日邀集各直轄市、縣市政府及相關機關會商解決台中縣、南投縣土地測量人力不足問題，決議由台北市、高雄市政府地政處、台北縣、桃園縣、新竹縣、台中市、彰化縣、嘉義縣、台南市、高雄縣政府調派測量人力共計 21 組支援，支援期間以 2 個月為原則，預估支援後辦理複丈天數可由原排定最長 80 天，全部降為正常天數 20 天左右。上述支援測量人力業已自民國 89 年 7 月

10 日起陸續進駐災區地政事務所，協助辦理測量工作。

另為加速災區大面積地籍圖重測之進行，由行政院九二一震災災後重建推動委員會分別於同年 6 月 26 日與 7 月 3 日邀集內政部土地測量局、縣市政府及聯勤勤總部測量署、聯勤測量隊等單位協商，請內政部土地測量局將民國 90 年度重測人力優先調配支援災區重測工作，及請聯協勤總部測量署、聯勤測量隊調派十組測量人力支援南投縣政府檢測工作。此次地籍重測並經行政院游前副院長於同年 7 月 5 日、7 月 17 日分別召開會議，將台中縣、南投縣重測區工作交由內政部土地測量局詳細審酌可動員之測量人力，包括台北市、高雄市政府地政處、聯勤測量署、國防部替代役等測量人力全力投入重測工作，預估辦理台中縣、南投縣等二縣所提災區共九個鄉鎮市計 49 個段別，面積九仟餘公頃，筆數十萬餘筆之地籍圖重測，將提前於民國 90 年 7 月 1 日前公告重測成果。

二、配套立法問題

依據「九二一震災重建暫行條例」規定，中央各有關部會應配合訂定之相關子法計有 22 項，截至民國 89 年 9 月 21 日已訂頒者計有 19 項，尚未完成訂定者有三項，包括「災區鄉村區農村聚落及原住民聚落重建作業規定」，俟內政部完成「鄉村區重建作業規定」後，即可送由農委會彙整報核發布。關於「九二一震災農村社區土地重劃工程費分擔辦法」，刻由行政院核定中，俟其核定後即可發布實施。至有關「九二一震災社區重建更新基金收支保管及運用辦法」，目前亦報請行政院核定中，惟依中央政府特種基

金管理準則相關規定，該特種基金尚應於編列預算完成法定程序後，始得設立。

三、貸款問題

　　財政部發布施行「九二一震災災民重建家園貸款信用保證業務處理要點」，由財團法人九二一震災重建基金會捐贈專款，交由中小企業信保證基金提供信用保證貸款，信用保證總額度新台幣300億元，金融機構可立即將災民申請重建家園貸款案件移送信保基金保證。根據「九二一震災災民重建家園貸款信用保證業務處理要點」規定，九二一震災重建基金會將捐贈專款30億元，交由信保基金提供信用保證貸款，信用保證總額度以 300 億元為限，九二一震災重建基金會日前已先將初期專款 10 億元撥入信保基金專戶。由於災民覓保不易，以及考量災民保證手續費負擔，此項信用保證貸款規定，移送信保基金案件得免徵提連帶保證人，並將保證年費率降至千分之三，並由信用保證專款及送保金融機構平均分攤。

四、土石流問題

　　二一地震後，根據調查發現，地震災區崩塌地共有 21,970 處，崩塌面積 11,299 公頃，而依據日本阪神、淡路大地震經驗瞭解，災區的山坡地會比地震前更容易因下雨而引發土石流，為辦理災區水土保持復建及避免形成土石流災害，行政院九二一震災災後重建推動委員會多次開會討論「九十至九十二年度九二一災區水土保持復建計畫」，計畫於 90 年 1 月起至 92 年 12 月止，編列 100 億 5500 萬元特別預算，來辦理災區土石流的防範工作。而在上述

崩塌的地區及面積方面，屬「A級危險」崩坍地危及公共設施、聚落或社區且可能有立即危害，急需處理者有 67 處，面積 467 公頃；屬「B級危險」崩坍地無立即危險但需觀察與注意者計 2,026 處，面積 4,530 公頃，未來三年內，對於災區土石流防範是一項重點且刻不容緩之工作。

五、生存問題

隨著九二一大地震將屆滿一年，災區自殺案也漸入高峰期；以南投縣為例，從 1999 年 10 月到 2000 年 7 月，計有 236 件自殺案例發生，自殺死亡者有 39 人，且近來自殺案有增加趨勢。如何防止高危險自殺傾向的災區民眾犧牲，是重建會不能逃避的課題。

六、愛心捐款問題

有關愛心捐款總數全盟與內政部的數字仍無法吻合，一邊 375 億，一邊 293 億，為了讓民眾瞭解九二一地震發生後，各界捐款的運用與管理情形，行政院九二一震災災後重建推動委員會於民國 89 年 8 月 14 日召開「九二一大地震後政府與民間團體接受各界捐款金額暨運用與管理情形」記者會，並邀請內政部、全國民間災後重建聯盟、財團法人九二一震災重建會、台中縣政府、台中市政府、南投縣政府及鄉鎮公所等單位參加，共同向外界提出說明。

九二一大地震發生後，募款帳戶與各界援助團體紛紛成立，由於事出突然，大家對「統一捐募運動辦法」之規定不甚清楚，未於事前核備即開始募款，內政部為因應九二一賑災捐款的權宜

作法是允許募款單位於 88 年 10 月底前補辦核備事宜，另對於 100 個自行運用募款的民間團體，則需將使用計劃書或執行運用分配要點、會議紀錄等相關資料函送內政部備查外，並成立專案小組。依據內政部報告，截至 89 年 8 月 14 日止，政府機關設立的捐款帳戶有 108 個，民間募款團體設立帳戶有 222 個，合計有 330 個帳戶，捐款總額約新台幣 305 億餘元（不包括尚未報內政部之民間捐款約十餘億元）。對於上述捐款的運用與管理，亟需納入管理與監督。

七、組合屋問題

九二一震災重建委員會從 1999 年 8 月開始辦理 5200 多戶組合屋災民調查，並重新登記審核，同時清查出組合屋土地租約問題。期能徹底解決安置災民措施的組合屋、租金領取政策，條件不一問題。

民國 89 年 8 月 20 日澄社發表「針砭新政府」萬言書。萬言書提出新政府的最大問題就在本身的運作。報告書中批評扁政府在提升政府效能、掃除黑金、災後重建等問題上，缺乏整合，導致民眾普遍信心不足。該書同時根據全盟 6 月和 7 月份在災區就災民和非災民所進行的民意調查，發現 6 月份有一成多災區民眾對中央政府重建工作表示不滿意，但到 7 月份，即激增到百分之四十。

民進黨政府在九二一災後重建工作上早期之所以未見預期的成效，主要是重建工作極為複雜而困難，新政府的努力還未能發生突破性的效果，幾項重要的工作需要更積極的規劃與推動，也

有若干瓶頸，包括：一、集結在中興新村的工作團隊功能有問題。二、災區弱勢民眾在災後一直居於非常艱苦的狀況，政府種種補助和補貼的措施，往往無法幫助這些弱勢民眾解決問題。三、災後重建需要一些制度和法律的調整，但迄今尚未有完整而妥善的規劃。四、重建經費的估算與籌措尚未有良好的規劃。（註14）

　　針對這些批評，時任重建委員會執行長黃榮村認為做為民間論政社團，不批判就沒有存在的價值，他認為新政府可以心平氣和地看待各界的督促和壓力，民眾會看得到新政府努力的痕跡（註15）。黃執行長還為此寫了一封長信給瞿海源教授，期能在澄社的督促下，努力建構一個可行、有效的運作機制。

　　註釋：

1.　行政院經建會：災後重建政策白皮書。公元 2000 年 5 月。2 頁。

2.　鍾起岱（2000）：新政府、新觀點、新政策：談災區重建的困難問題與解決。研考雙月刊。台北：行政院研考會。民國 89 年 10 月。

3.　陳水扁：總統就職演說。公元 2000 年 5 月 20 日。

4.　公元 2000 年 6 月 21 日中時晚報，第三版。

5.　公元 2000 年 7 月 26 日聯合報，第十八版。

6.　公元 2000 年 7 月 30 日中央日報，第六版。

7.　公元 2000 年 8 月 11 日中國時報，第九版。

8.　參見行政院研考會管考資料。公元 2000 年 7 月。

9.　參見行政院 90 年度施政方針。

10.　2000 年 8 月 11 日行政院九二一震災災後重建委員會新聞稿。

11. 黃榮村（2000）：九二一震災災後重建政策與進度。行政院九二一
　　重建委員會記者會簡報。

12. 公元 2000 年 8 月 19 日台灣新聞報。第五版。

13. 參見謝正倫：我國水土災害防救制度之研究（初稿）。2000 年 5
　　月。

14. 公元 2000 年 8 月 20 日聯合報，第二十三版。

15. 2000 年 8 月 20 日中國時報，第四版。

第六章 九二一重建績效考核制度之建立

第一節 政策評估日趨重要

一、近代政策評估的源起

現代的民主政治就是民意政治，一項公共政策的成功，除了必須有符合民意的周延規劃、與高明巧妙地促銷外，有效的管理必不可少。以系統化、資料分析為基礎的近代政策評估，與社會研究方法的發展可說是息息相關，加上二十世紀以還，政治意識形態的多元化及人口發展上的變遷，使得政策評估逐漸成為社會科學一支方興未艾的研究領域。

近代政策評估的起源，可以追溯到十七世紀的 1600 年代，霍布斯（Thomas Hobbs，註 1）及其同僚首創以數的測量方法（Numerical Measures），來評估社會狀況（Social condition）與界定死亡率（Mortality）、流行疾病罹病率（Morbidity）與社會失序（Social disorganization）的狀況。

二、政策評估逐漸受到應有的重視

現代國家逐漸重視的政策評估，主要來自美國，由於以下五個理由，逐漸形成一門專業學科（註 2）：

首先，國會基於控制權的加強，開始重視政策評估，美國聯邦政府花費鉅資，但政策評估的結果卻不彰顯，甚至七〇年代發

生許多公務員舞弊、貪污等破壞公務倫理的事件（水門事件後，美國正式進入「倫理的年代」），國會有感於過去的監督權偏重於紙上作業，無從掌握公共計劃與經費的流向，於是期望加強公共計劃的監督與責任職能，如美國國會的會計總署（General Accounting Office）、科技評鑑處（Office of Technology Assessment）等機構專門負責評鑑行政機構所提出的公共政策。

其次；許多州與地方政府首長認為，聯邦政府公共計劃的良法美意，並未落實州與地方政府；地方政府希望能加強對於聯邦計劃的控制力，使他們真正能夠受益。基於管理上的需要，必須要加強對於政策追蹤、管制與評估：不少計劃的管理者認為有必要了解公共計劃執行的狀況與結果，俾能應付來自於國會、行政首長、大眾傳播或選民的資訊需求。公共計劃逐漸出現問題，成效不彰，社會批判公共計劃的聲浪日昂，社會與學術界開始評估公共計劃的執行過程與結果。

第三；為了解決問題，政府部門認為有必要加強公共政策的評估功能。美國最早的政策評估計劃是出現在 1962 年的青少年犯罪防制評估計劃，但著力最多的是教育政策領域，1965 年甘乃迪總統對於中小學教育法的評估，1968 年聯邦政府頒布 RFP 計劃（Request for Proposal）評估啟蒙計劃（Head Start）；經濟機會局（Office of Economic Opportunity）並且支援 13 個大學針對啟蒙計劃進行評估。

第四；學術界方面，1973 年西北大學開始進行博士與博士後的評估訓練計劃，伊利諾大學的指導研究與課程評估中心（Center for the Instructional Research and Curriculum Evaluation）訓練政策

評估博士。此外，專業性的期刊與年刊亦相繼問世，如 Evaluation Studies Review Annual, Evaluation Review, Evaluation Practice, Evaluation and Program Planning, Evaluation and the Health Professions, Evaluation and Educational Policy；1976 年成立評估研究會與評估網絡協會（ Evaluation Research Society and Evaluation Network），1985 年更合併為美國評估協會（American Evaluation Association），大約有 3000 名的會員。

第五；在民間機構方面，企業研究公司競相爭取聯邦政府的評估計劃，1970 年 300 家民間公司中就提供了 800 個相當於博士級的評估職位；另一方面，由於大學校園與民間評估公司的合作，發展許多新的政策評估理論與方法，對於當時所推動的實驗計劃，如紐澤西負所得稅實驗（New Jersey Negative Income Tax Experiment ） 與 曼 哈 頓 保 釋 金 實 驗（ Manhattan Bail Bond Experiment），提供了甚多的評估建議。

第二節　績效評估之意義與功能

一、人人須學習政策評估

近年來，台灣由於民主政治的發展相當快速，民眾對於公共政策要求加強監督與制衡，以免投入鉅額的公共政策卻不見明顯的效果，如台北市的大眾捷運系統是否產生解決交通擁擠的效果？高雄市興建捷運系統，是否能夠產生紓解交通擁擠的相同結果？未來高速鐵路的成本效益結果如何？這些問題都有待政策評估的科學活動加以解決。因此，我們學習政策評估有助於檢討公

共政策的問題與價值，以便改進政策方案，重新建構更有效果的
公共政策方案。

二、績效管理五要素

　　績效控制的方式，一般來說有兩種，一種是外部控制（External
Control），一種是內部控制（Internal Control），兩者必須相輔相成、
不可偏廢。績效評估之源起係為改正分贓政治的弊失，使政府組
織的運作達成其設置目的與功能。政府組織的運作主要係提供公
共服務予一般民眾，但同時也必須使經費的使用符合既定的程序
（程序正義）；資源必須有效的使用（效率性）；及資源的使用可
達成預期的結果（效能性）。要瞭解這些職責歸屬及完成程度，必
須透過組織的績效評估，通常這種系統化、資料導向，測量組織
運作或個人努力是否達到預期目標程度的評估過程，稱之為績效
管理（Performance management，註3），通常包含以下五種要素：

　　第一是績效評估（Performance appraisal）：對預期達成目標程
度的先行評估，以形成將來監控和評估活動運作績效的指標與目
標。第二是績效追蹤（Performance monitoring）：持續性評估方案
的目標和過程，通常集中在較低層的目標達成。第三是績效（事
後）評鑑（Performance ex-post evaluation）：針對目標的回溯性評
估。第四是績效指標（Performance indicators）：績效層次的替代物，
通常使用可量化指標，但質化指標也被使用，兩者有同等重要性。
第五式績效管理：它是確保下列事項的整個過程：（一）績效評估
是任何方案不可缺少的部分。（二）蒐集的資料及其分析使用是可
以理解的。（三）績效評估的結果可用於告知方案規劃和執行所有

階層。（四）績效評估的過程被導向於促使績效改進。

三、績效考核指標

簡言之，績效管理係組織致力達成目標的系統性的整合體，而廣義之績效考核應視同於績效管理的意義。進行組織績效考核時，除了首先要有明確目標之確立，更須有績效指標的使用以作為審核、評鑑之基準，這些指標係管理績效的工具而非評估的目標。然而在實際的運作上，許多接受績效評估考核的機關，往往為了得到較好的考核結果，而以滿足各項指標的要求為施政最後目標，造成為考核而行事之目標錯置結果。

同時，由於行政機關的組織目標通常只是抽象之政策宣示，且越高層級越是如此，因此常很難根據此一政策宣示訂立明確之績效指標或考核標準。所以，一個較為良好完整之組織績效考核系統，除應建立符合合適性、充分性、有用性、可行性及適時性等原則之績效指標外，應使用多種的測量、評鑑工具，針對行政機關的不同特質與運作環境加以評估，以補績效指標訂定可能之不足，且使績效考核較為客觀、完全。這些不同評估結果的結合，始可成為機關績效之指引。

第三節　摸索中前進的控管機制

一、九二一重建管考績制的建立

民進黨政府成立之後，行政院九二一重建委員會，依據陳總統於 89 年 10 月 3 日指示（註 4）：「執行效率與管考追蹤是重建方

案成敗關鍵,請重建委員會務必嚴格追蹤進度、落實管考」。為了加速預算的執行與處理,民國90年5月,行政院在《中央政府附屬單位預算執行要點》之外,另訂頒《九十年度九二一震災災後重建更新基金附屬單位預算執行與會計事務處理應行注意事項》,做為重建特別預算撥付與控管的依據。其中最重要者為對於重建工程計劃的審核規定,包括三項:個案工程經費在1000萬元以下者,由各工程機關自行審查;個案工程經費在1000萬元以上,但未達5000萬元者,由重建會審查;個案工程經費在5000萬元以上者,由工程會審查。此項規定固然解決了一些問題,但也在工程會與重建會之間埋下了長時間的爭議(註5)。

為了設計整個控管結構,首先依據九二一震災災後重建推動委員會的組織特性,將該會界定為對中央各部會及對地方縣市政府之控管單位。該會各業務處為「控管單位」,負責「過程控管」,企劃處為「綜整控管單位」,負責「結果彙總」。而控管提報的週期,成立初期為週報,2001年以後為雙週報,2002年以後則變更為月報。

而為了有助於與各部會的協調,政策決定利用每月一次的重建會委員會議,決策之前的政策協調,則創設了《九二一震災災後重建協調與控管業務會報》,由行政院研考會主任委員與重建會執行長共同主持,與會者為各相關部會主任秘書與重建會各處長,原則上亦每月一次,因參加者多為主任秘書,因此又稱為《主秘控管會議》,初期效果極佳,許多問題在協調控管會議中,均獲得解決,不過爾後由於人事更替,此項控管會議成為有名無實,不了了之(註6)。

二、議題導向的控管操作

民主國家當人民對政府的滿意程度下降到某一個程度時，必然引發執政的危機感，針對民眾關心的議題進行督導與稽催，可能是必要的。由於九二一重建工程極為繁瑣，不可能在同一時間，完全滿足人民的期望。因此，九二一重建會針對民眾關心的議題焦點，提出不同階段的控管策略。

控管的焦點採＜議題導向＞方式控管，概分為六個階段（註7）：第一階段（2000 年 12 月以前）控管的重點為道路交通工程與大地工程重建；第二階段（2001 年 6 月以前）控管的重點為學校重建；第三階段（2001 年 12 月以前），控管的重點為公有建築廳舍；第四階段（2002 年 6 月以前），控管的重點是歷史建築與古蹟修復；第五個階段（2002 年 12 月以前），控管的重點是生活與產業重建；第六階段（2003 年以後），控管的重點是住宅重建。

三、回應民眾期待

九二一大地震迄今已超過三年，行政院九二一震災災後重建委員會於南投中興新村掛牌運作，也將近三年。回顧三年來重建工作之推動，雖在摸索中緩慢前進，或許並未能盡如重建區災民，甚或社會大眾的殷切期望，但是，在「災後重建計畫工作綱領」揭示之目標的指導下，以及重建工作架構與機制的建構逐步成熟，於公共建設、產業重建、生活重建及社區重建計畫等之整體、全方位重建，已步上平順運轉的軌道且加快速度推進。

88 下半年及 89 年度震災搶修、重建追加預算數有 1,061 億元，執行機關高達一百多個。90、91 年度災後重建之特別預算（一、

二期），，總經費高達 1000 億元，執行機關亦多達 100 個之譜。如此規模龐大、權責分工複雜且須費長遠時間的重建工作，確是一個浩大工程，而此一浩大工程的成就，除有明確理想目標、充足的重建經費、組織人力群策群力的完全投入外，更須一套完整、健全的績效考核制度。

第四節　九二一災後重建執行概況

一、重建重點

九二一震災發生至今，在歷經救災、安置到重建復建的過程中，中央政府於 88 下半年及 89 年度總預算追加（減）預算共編列震災搶修復建經費 1,061 億元。90 年 4 月又通過了 90 年度 1000 億元中屬於第一期的重建特別預算，年底又通過了屬於第二期的特別預算，依據重建委員會向立法院所作的預算編列報告（註 8），大致可以看出，除第二期供五年振興計畫及彈性調整支應的 263 億外，第一期特別預算 737 億中分配在民間部門的重建經費占 62.82%，約為 463 億，公共建設占 37.18%，約為 274 億；其中民間部門的重建經費有 57.24%，約為 265 億，屬於融資補助貸款的補貼。

而民國 88 年，九二一震災發生伊始，政府緊急支用了三百餘億元於救災與安置，另一方面同時進行各項災後補強整修與復建工程，核定了 10263 件震災災後重建計畫，經費亦達 400 餘億元之譜，其中，多為道路橋樑、水利、廳舍、學校建築、水土保持與土石流防制等公共建設與大地工程，佔災後復建重建工程的百

分之九十以上。而公共建設類災後重建工程，以工程類別可再概分為 8 項，包括道路橋樑、水利、水土保持、學校、廳舍、農水路、漁港及其他等 8 項。

二、控管解讀

依據九二一重建委員會控管月報顯示，新政府成立一年後，截至 90 年 5 月 21 日止，10,263 件災後重建計畫有 9,050 件已完工，完工率達 88%，有 1,204 件進行中，總發包率達 97%，有 9 件計畫尚未提報。而在經費支用情形上，包括已完工和進行中計畫共已支用經費共 23,114,914 千元，經費執行率為 48%。其中，除廳舍工程與其他工程之外，道路橋樑、學校、水利、水土保持、農水路等工程進度皆已達 80%以上，尤以漁港、水利、水土保持重建工程為前進。但是在經費支用上，除水利及水土保持工程外，各類工程之經費支用率皆偏低，尤其，學校工程的經費支用率僅有 35%。

另外，若從重建計畫主辦機關別來看災後重建計畫執行狀況，截至 2001 年 5 月底止，追加預算的 10,263 件的重建計畫中，由中央政府執行的有 4,590 件，佔災後重建計畫總數 45%，已完工 4,103 件，完工率達 89%，發包率為 97.6%；地方政府執行件數 5,673 件，佔重建計畫總件數 55%，已完工 4,947 件，完工率 87%，發包率為 97.4%。在經費執行方面，中央政府執行之計畫經費總數為 31,044,548 千元，佔重建計畫總經費 65%，已支用經費 14,417,668 千元，經費執行率 46%；地方政府執行之計畫經費為 17,014,245 千元，佔重建計畫總經費 35%，已支用經費 8,697,247 千元，經費

執行率 51%。就完工率與經費執行率相較下，無論中央或地方政府之經費執行率均偏低，兩者完工率皆已近 90%，但經費執行率卻皆未及 50%，而中央政府於經費執行上更落後於地方政府。

在前述各類公共工程等硬體方面的復建重建外，尚有產業振興、生活重建及住宅與社區重建等軟體復建重建工作。首先，在重建區產業振興方面，九二一震災造成重建區觀光業的損失達 300 億元，災後前半年，重建區之觀光業全部停頓。重建初期政府以「搶救觀光、促銷農業」之策略應變重建區重創的觀光市場，並動員各機關鼓勵公務員至重建區旅遊消費，獲得相當成效。而觀光風景區之聯外道路的搶通修復，及政府與民間業者聯合促銷重建後觀光區，使得重建區之觀光旅客大量回流。據交通部觀光局所做之國民旅遊市場調查資料顯示，截至 90 年 3 月，主要風景區之旅客人次已回升至震災前規模，甚且較地震前之旅客人次提高 3.6%，呈逐步成長趨勢；觀光旅館之住房率平均業已回復至震災前規模，假日訂房率從 89 年 11 月起幾乎全滿，顯現重建區觀光業復甦迅速強勁之活力。

生活重建方面，則以弱勢族群照護及就業輔導為主軸。九二一震災後，政府隨即動支經費進行各項補助、慰助金的發放，至目前為止均已落實發放。其中，死亡及失蹤慰助金已發放 24 億餘元；重傷慰助金已發放 1 億 5 千多萬元；住屋全倒慰助金已發放 100 多億元；住屋半倒慰助金已發放 53 億餘元；租屋津貼發放第一年已核發 112 億餘元，第二年先行核撥 15 億餘元供資格符合受災戶申領，90 年度重建特別預算亦已編列 16 億餘元為第二年租屋津貼補助之經費。

此外，為了掌握重建區弱勢族群之狀況，重建會透過委託民間團體進行普查，已建立「高關懷群戶卡」及「高危險群口卡」，將依個案逐一列案輔導最弱勢、最急需關懷之受災民眾，並落實相關福利服務及社會救助措施。

生活重建除弱勢族群照護外尚有一個重點工作，即為重建區災民的就業輔導。重建區由於震災影響，加以經濟不景氣及產業轉型、外移，災區失業率大為提升，根據行政院主計處 89 年 12 月之統計資料，南投縣失業率高達 4.07%。因此，為解決重建區就業問題，除重建會於各類重建工程的執行中，要求承包廠商聘僱所需人力三分之一為重建區人力，以落實重建暫行條例之規定；另一方面，勞委會亦推出「就業大軍」方案，提供臨時就業機會，此項方案自 89 年 10 月實施以來，計有地方政府、非營利組織等136 個單位提出申請，提供 3000 多個臨時工作津貼之就業機會。

而該會之民眾聯合服務中心，亦提供各項媒合就業之服務資訊；勞委會亦規劃「職業訓練班」開放民眾免費受訓，受訓期中並提供每月 12,000 元的生活津貼，有助就業效能之提升。至目前為止，各項方案至少成功的輔導 4000 人就業。

住宅與社區重建工作，應為災後重建工程最為複雜棘手的一部份。由於進行此一重建工程之前置工作與相關配合措施，包括修法、地籍重測、設置社區重建更新基金等皆需相當時程始能完成，因此 89 年度之重點即為此等工作之完成，住宅重建則列為 90 年度及以後年度的重點工作。

另外，截至 90 年 5 月 15 日，重建家園優惠貸款之核貸率已達 95%，已核准申貸之全倒與半倒戶約 26,500 多戶，核貸金額為

4007 億 1100 多萬元；全倒戶購屋、重建發照戶數佔全倒戶數 39%。行政院業已編列社區重建更新基金 466 億元，並設置基金管理委員會且已立法通過。此一基金將可支應新社區開發、集合住宅重建融資、土地徵收及地上物拆遷補償、個別建築物重建規劃設計等重大計劃項目，為推動全面性住宅重建之重要關鍵機制。

第五節　績效考核概況

一、整體重建的複雜性

從前節九二一災後重建執行情形之說明中，可知整體復建重建工程之龐大和複雜，不僅重建經費高達數百億，重建工作所涉及之相關機關，包括主管機關、主辦及執行機關數更達上百。同時，因為九二一災後重建之執行，歷經政黨執政更迭，即從救災、安置至重建工程的進行，經過二個政權之交替，所以在重建所持之價值、績效指標、指導方針、策略及工作架構皆已有所改變，在權責劃分上亦產生相當之銜接困難。

民國 90 年 12 月，針對九二一重建進度的遲緩，監察院林將財、林鉅埌、古登美三位監察委員，提案糾正行政院，糾正的內容（註 9）包括：重建工程僅六成完工、尚有 229 件重建標案尚未發包、房屋毀損標準認定不一、重宅重建比例邊低、水土保持工程與學校重建工程部分落後等等，經過重建會的仔細檢討，這些問題，於一年後大致已經圓滿解決，但仍可以想像，歷經新舊政府的接棒而行，重建工作仍有許多不盡人意的地方。民國 91 年 9 月立法院九二一重建督導小組在九二一三週年紀念屆滿之際，也

發表重建執行進度狀況檢討書，對失業率居高不下、住宅重建提出老牛拖車的批評等等，更值得執政者深思。

加以，921 重建會係於 89 年新政府成立後，於 89 年 6 月 1 日重新成軍運作，與前政府時期之重建會無論在組織依據及定位、委員會組成方式與性質、組織功能劃分及預算編列運用方式等皆已有重大根本性之變革（註 10）。因此，在建構重建績效考核制度及績效考核之執行上，更添其困難性。

二、主要控管型態

在災後重建績效評估考核重要性與必須性要求下，重建會對災後重建工作為求清楚、有效了解復建重建工作之執行情形，與追蹤控管各項計畫之進度及經費執行，依據重建業務之特殊性與時效性，概分為「追蹤控管案件」及「計畫管制控管案件」兩大類。

依據控管機關別，則分為行政院控管和重建會自行控管兩部分（註 11）。依此二種分類標準，共有四種控管型態，如表 6-1 所示。

表 6-1 九二一重建控管機制解析

追蹤控管	第一類	第三類
	行政院控管之追蹤控管案件	重建會控管之追蹤控管案件
計畫管制控管	第二類	第四類
	行政院控管之計畫管制控管案件	重建會控管之計畫管制控管案件

　　同時，依據修訂後之九二一震災重建暫行條例、陳總統對於重建工作之政策提示、新訂定之重建會暫行組織規程、行政院長對立法院之施政報告，以及正、副統和行政院長巡視災區的歷次談話與指示，可以試著歸納災後重建工作之總目標與施政方向。

　　無論是定期召開災後重建推動委員會議，由院長主持協調跨部會災後重建執行問題，並協助、督促縣市地方政府解決災後重建困難，以追蹤控管第一類重建業務；或由重建會與行政院工程會採定期追蹤及共同控管公共設施重建計畫之第二類重建業務；或對於民眾陳情、地方民情反映及本會工作會報決議、立委關切案件等由重建會定期追蹤控管之第三類重建業務；抑或包括軟硬體重建而由重建會自行控管之第四類重建業務，皆係屬績效追蹤的執行，此僅及於較低層目標達成之評估、控管，對於整體重建工作之績效評估制度的建立，甚或績效管理之積極運用，皆仍有相當大之距離。

三、控管的實務操作

　　在實務操作層面，除了網路控管以及書面的控管月報（週報）的提醒控管之外，重建會也設計了主秘控管會議、縣市控管會議、專案控管會議、定期查證、聯合查證、年度考核等方式，廣泛的進行各個層面的督導，基本上，控管的查核點有（註12）：未上網填報資料的督促、重大落後案件（又分為落後百分之十、二十或三十等三級）的督導、未發包案件的督導、網路控管異常（通常為預算執行率與計畫執行率重大落差）的督導。

四、理想的工程管理

在重建工作方面，如果只求進度的控管其實是不夠的，更重要的是品質的提昇。包括道路、水利、橋樑等由於跨越斷層的因素，規劃往往欠缺整體性、整合性，在設計施工亦有相當問題，理想的工程管理包括五階段：

1. 規劃－整體性、介面整合、效能、環境、預算。

2. 設計－規格、有關設計、資料收集與分析、材料、可製造性及維護性。

3. 施工與監造－施工作業計畫、設計圖、規格、抽查。

4. 驗收－測試成品。

5. 工程維護－問題之發掘與改正，延長工程生命。

重建工作應體現品管是全面性與全程性的，有優良的工程品質，重建才有意義。因此，以上工程管理五階段之審查工作須加強。而工程規劃亦須整合相關各部會與各級政府機構作整體性考量。同時，主管機關及督導機關亦須加強品質抽驗。

績效評估制度之建立尚包括對於公務員個人之考核。而對於執行推動重建業務之公務人員，目前似尚無法針對重建績效評估之個人層次加以實踐，一則由於上述災後重建過程之特殊與複雜性，另則由於重建會公務人員均為專職調兼人員，考績仍由原機關而非重建會考評，使得執行重建業務人員之考績與執行工作之績效並無相關，使得重建績效考核失其意義與功能。

第六節　重建績效考核制度之建立

　　從上述對於災後重建績效考核現況之說明,與績效考核、績效管理制度之意義、功能論述的對照下,可得知,災後重建績效考核制度仍尚未完整建立,亦未以責任行政之理念融入其中,課予機關績效與個人考績責任連結關係。

　　雖然災後重建工作有其特殊性與複雜性,重建會亦僅是臨時機關之性質,但對於重建績效考核制度的建立,卻是無法規避之重要及必須制度。因此對於災後重建績效評估制度之建立,有如下數點建議:

　　第一,於現有之機關績效評鑑和個人考績運作基礎上,建立一套能將機關組織績效考核與人事考績、獎懲制度有效相互結合之責任行政制度,而結合模式之擇定應有彈性,以適用各機關組織性質、業務等差異大之特性。

　　第二,機關績效考核指標的建立,除應由考核主辦機關訂定部分共通之指標外,亦由受考機關自行訂定符合機關目標的指標。為顧及行政機關之特殊和整體要求,除訂有通用之評估指標作為相互比較之參考外,亦應保留各機關自行訂定評估指標的空間,尤其像重建會如是性質特殊之組織,及重建業務之特殊、複雜性言,使評估指標更具可行性及有效性。

　　第三,績效評估途徑和方法,應量化與質化之考核方法並重兼採,以使績效考核更為客觀公平,亦更具可行性及有效性。

　　第四,機關績效考核的受考機關應從院級、部會級所屬各單

位，直到地方最基層單位。現行之機關考成工作，只及於行政院考核其所屬之一級機關，然對於其他政策執行之相關機關，包括主辦機關、執行機關等，亦應一同受考。惟地方自治逐漸落實之後，應先將自治與委辦事項性質、權責釐清，使縣市地方政府於責任政治、責任行政理念之前提下，彈性適用不同之考成模式。

第五，新建立之績效考核制度，宜先擇定某一機關或單位試行，再逐漸擴及一層級機關、單位，而至全面推動運行，如此能有逐步檢討修正之機會且減低新制度推行造成之衝擊和阻力。

第六，機關績效考核之進行，於行政責任連結之理念上，應有考核者、受考者、外聘專家學者、政策執行所有相關機關單位等參與，使績效考核具公平性、效益性。

第七，機關績效考核制度中之考核結果處理及獎懲制度，應確實落實，以使機關工作考成與人事考績皆能發揮績效評估之「評估性」及「發展性」功能，及實現此制度設計之本質。

總之，九二一災後重建工作之三大重建機制雖已逐漸穩健地運行，並加速重建的腳步完成災後重建之短、中、長程任務及目標。惟「災後重建計畫工作綱領」所揭示之塑造關懷互助的新社會、建立社區營造的新意識、創造永續發展的新環境、營造防災抗震的新城鄉、發展多元化的地方產業、建設農村風貌的生活圈等六大重建目標能否獲致，及圓滿達成，則有賴於健全績效評估制度之建立與運作。

重建工作之特殊與複雜性及時效性，確使重建工作之績效評估考核更添其困難度，但績效評估制度係針對公共服務或計畫活

動的結果進行系統性的評鑑，使政府的運作及各種活動皆受到考核，以確定其目標達成程度及工作績效，並作為對民意及政府本身職責的回應。而值此政府積極推動政府再造改革時刻，政府績效考核制度之建立，亦正體現責任政治、責任行政及企業化政府之理念與行動。

註釋：

1. Peter. H Rossi and Howard E. Freeman（1988）：Evaluation：A Systematic Approach Beverly : Sage Publication P.23-24.

2. 請參考邱昌泰（1995）：公共政策：當代政策科學理論之研究。台北：巨流出版。李允傑、邱昌泰（1998）：政策執行與評估。台北：空中大學。Stephan, A S(1935)：Prospects and Possibilities: The New Deal and the new Social Research. Social Forces13.Freeman H. and C.C. Sherwood(1970)：Social Research and Social Policy Englewood, NJ; Prentice-Hall。

3. http://www.pmezine.com/。

4. 陳總統於 89 年 10 月 3 日指示，行政院九二一重建委員會控管週報。

5. 主要的爭議在於個案工程計劃經費在 1000 萬元以上，5000 萬元以下者，由於九二一重建會缺乏審查人力與人才，使得這項爭議一直延續了將近兩年才告解決，但也使重建進度飽受延緩的批評。請參考九二一重建會民國 90 年 7 月 25 日第六次重建業務協調與控管會報第六次會議議案及紀錄。

6. 主秘控管協調會報第一次會議於民國 89 年 11 月 1 日召開，民國 91 年 5 月 20 日召開第十一次會議，之後由於重建會人事調整，至今仍未召開新的會議。

7. 請參閱重建列管週報第一期至五十期。行政院九二一重建委員會企劃處。

8. 請參考黃榮村（2001）：行政院九二一震災災後重建推動委員會 90 年度九二一震災災後重建特別預算案編列情形報告。立法院第四屆第五會期。民國 90 年 3 月。

9. 參見監察院民國 90 年 12 月 20 日，內政及少數民族委員會相關提案。

10. 鍾起岱（2000）：新政府、新觀念、新政策：談災區重建困難問題與解決。研考雙月刊民國 89 年 10 月號。

11. 郭清江、鍾起岱（2001）：九二一重建績效考核制度的建立。研考雙月刊。民國 90 年 8 月。

12. 請參閱九二一震災災後重建協調與控管業務會報第一至第八次會議記錄、九二一震災災後公共設施復建計畫實地查證第一至第六次報告、2000 年及 2001 年災後重建政策執行控管績效－總統巡視指示事項暨重建第四類控管案件彙編。

第七章　非營利組織：重建區民間工作團隊

第一節　非營利性組織的定位與角色

　　從二十世紀的八〇年代開始，台灣有兩種方向截然相反的主流典範，第一種是國際各種主流思想或商品，透過各式各樣的傳播媒介及教育學習途徑，由上而下滲透到家庭、社區等底層社會流行起來；第二種是代表地方或本土的主流特色或商品透過相似的傳播媒介及教育學習管道，由下而上成為全國性、區域性甚至國際性的討論議題。這種全球化（Globalization）與本土化（Indigenous）或地方化（Localization）的交互影響，提供台灣非政府組織（Non government organization）與非營利性組織（Not-for-Profit Organization）滋長的空間與養分（註1）。

　　1987 年以前，台灣屬於動員戡亂時期，非營利性組織通常只有在地下才能活動，1987 年台灣解除戒嚴之後，非營利性組織開始如雨後春筍般的冒出檯面。而在近年來的社區總體營造運動裡，地方文史工作者一直扮演了重要的角色，一方面他們透過對地方歷史的重建與喚醒，讓社區民眾在共同記憶的回溯中找到認同的價值觀；另一方面，他們試著扮演著類似社區自治政府的角色，填補地方政府所不及的空隙，重新界定地方的精神與特質。

　　至於地方文史工作團隊的活動模式，主要是遵循兩種過程模式進行，一方面透過大眾傳播讓地方底層的事務，逐漸的成為檯面上的公共議題，從而與社會大文化接軌；另一方面，透過小眾

傳播，傳達執政當局的施政訊息，同時凝聚社區居民共同的心聲與訴求；互動的模式，則是《訴求－接觸－抗爭－溝通－接受與說服－新訴求》，而後者毋寧是更重要的。

在這個過程中，與其他沒有在地工作團隊的社區相比較，執政者顯然比較容易感受到、或者聽得到在地者的聲音，依個人觀察，其間最大的意義可能是社區民眾公民意識的覺醒。

大約與此同時，代表著義務教育的國民中、小學展開了鄉土教育，文史工作者的初步成果也有部分成為鄉土教育重要的基礎教材之一。

1999 年九二一大地震後，災區（現在已更名為重建區）成為許多文史工作團隊，特別是在地工作團隊大顯身手的地方，依據九二一重建會非正式的統計，在全國 33 個受災鄉鎮市中，這些在地工作團隊全盛時期可能超過 130 個，這些地方工作團隊通常多有較深文史或人文素養，在成立初期也得力於許多外地的救援力量，而且幾乎都是以非營利組織的型態出現。本文主要從非營利性組織的觀點，來探討九二一重建區民間工作團隊的發展與限制。

想要為非營利組織下一個精確的定義，其實並不那麼容易，通常非營利性組織意指：具有公共服務使命，以促進社會福祉為宗旨，不以營利為目的，具有民間的、獨立的、取私用公等特性之公益法人組織或團體。其角色及定位可以如圖 7-1 所示。

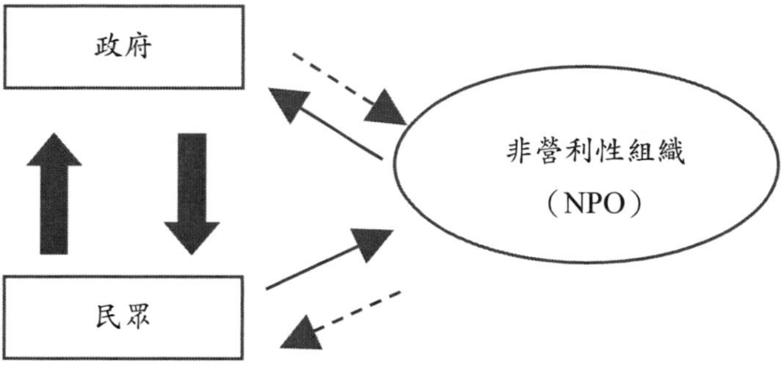

圖 7-1　非營利性組織的定位與角色

第二節　九二一重建區民間團隊的結盟

　　為了便於資源的有效分配、為了民間捐款的有效監督、為了協助地方爭取政府有限的補助款、為了發揮民間工作團隊的持續力量，在台北市婦女救援基金會沈美真律師等人的發起奔走之下，1999 年 10 月 1 日全國民間災後重建監督聯盟（簡稱全盟）第一次籌備會議在台大社會系會議室召開，由瞿海源教授主持，共有 26 個民間工作團隊出席，並公推中央研究院李遠哲院長擔任召集人；10 月 7 日第二次籌備會在台大社會系會議室召開，由李遠哲院長主持，當天下午 5 點由李遠哲院長主持全國民間災後重建協調監督聯盟成立記者會，宣佈全盟正式成立（註 2）。

　　根據全國民間災後重建聯盟兩年工作紀要的紀錄，加盟的民間團體包括 12 種團體，116 個組織。如表 7-1。這些組織來自全國各地，真正的在地團隊所佔的比率其實很低。

表 7-1　全國民間災後重建聯盟加盟團體

加盟團體性質	數目
1.捐款監督	6
2.心理復健	22
3.兒少照顧	14
4.文化資產	6
5.社工服務	18
6.宗教關懷	5
7.法律權益	13
8.原鄉重建	12
9.家園重建	20
10.教育重建	22
11.醫療衛生	13
12.未分組	3

資料來源：全國民間災後重建聯盟。本研究整理。

　　除了全盟之外，九二一重建區民間團體還有由民間捐款所組成的九二一基金會（當時由辜振甫先生擔任董事長），由政府要求成立的九二一民間諮詢團（當時由李遠哲先生擔任團長，註 3），連同行政院九二一災後重建推動委員會（當時由劉兆玄先生擔任執行長），形成如圖 7-2 的初期結盟關係。

　　由於成員分散，11 個分組通常以分組聯繫會議或舉辦研討會、記者會的方式維持彼此的互動；2000 年元月以後，這種互動模式逐漸減少，全盟於是開始認真的協助或設立在地的工作團隊，於是以全盟為中心的各地工作站紛紛成立，成立早期，其相關的行政維持費有來自全盟提供。同年 6 月，全盟改組，全盟的重心由台北移至中部災區，同時以將重建區四十個全盟工作站扶助成為在地工作團隊為正式社團為目標。其發展如圖 7-3 所示。

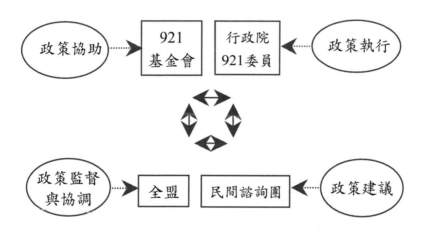

圖 7-2　重建區民間團隊的初期結盟

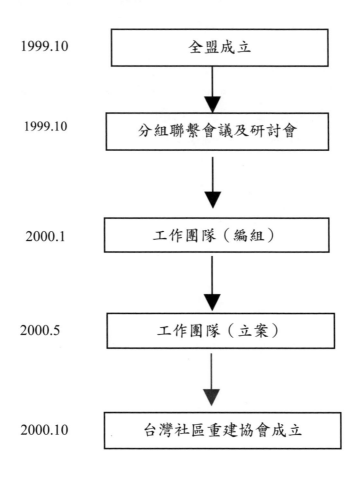

圖 7-3 921 重建區民間團隊的發展

第三節 非營利性組織的興起

當 1996 年美國克林頓總統宣言「大政府時代已經結束」、「小而能的政府」似乎成為各國政府再造的重要目標，在這個目標之下，所謂常識型政府（Common Sense Government）、願景型政府（Vision Government）、彈性政府（Flexible Government）、解除管制政府（Deregulation Government）成為當代政府改造的幾個主要潮流（註 4）。

而改造最流行的模式主要有兩個指標，一是新右派主張（New Right）的市場模式，他們認為政府只需制定政策、決定發展方向即可，提供政策服務的過程則完全交由市場決定，在這個過程中，引進企業精神與企業經營方法成為主要思考重點，公營事業可以民營化、公共事務也可以民營化，誰能提供成本低廉的公共服務，誰就可以成為公共服務的經營者，民眾則視為自由市場的顧客，強調的是選擇權，只要能令顧客滿意的施政就是好的施政。

另一個指標是新左派（New Left）主張的參與國家模式（Participation State）或稱為授能國家模式（Empowerment State），與市場模式相同的是，參與國家模式也反對層層節制、以法令規則為基礎的公共組織和官僚體制；與市場模式相反的是，參與國家模式認為具有企業精神的領導者（通常是企業家或資本家），並非政府改造的成功因素，基層或底層的員工、公民，才是政府改造成功的關鍵因素，因此，國家未來發展的願景與主導者應該是低階層的員工或公民，而非企業主或資本家。市場模式與參與國

家模式的比較如表 7-2。

表 7-2　市場模式與參與國家模式的比較

模式	思維	訴求	方式	取向
市場模式	新右派	效率	民營化	經濟取向
參與國家模式	新左派	公義	非營利性組織	社會取向

　　因此，政府改造一方面要盡其可能的擴大基層員工與基層民眾的參與管道，同時另一方面也要鼓勵、教育、組訓基層員工或公民積極培養公共事務參與的興趣與能力，非營利組織乃因應而生。

　　非營利性組織（Not-for-Profit Organization）有許多不同的說法：非營利部門（Nonprofit Sector）、第三勢力（The Third Force）、第四部門（The Fourth Sector）、非政府組織（Non Government Organization）、民間志工組織（Private Voluntary Organization）等等（註 5）。

　　通常非營利性組織關切的議題是弱勢團體或社會福利方面的議題，因此他們通常會與基層的公民社會保持密切的關係，一方面他們為了爭取相關運作所需經費，通常也會與政府官員或國會議員保持良好的互動關係，但非營利性組織在意的通常不是企業利潤而是社會取向的目標，因此，也有稱為社會取向企業（Socially-oriented Enterprises）或社會目標企業（Social-purpose Enterprises）。

　　非營利性組織通常與慈善組織（Charitable Sector）有一些基

本的不同，主要在資金的來源，慈善組織的資金來源，主要來自私人的慈善捐助，非營利性組織來自私人的慈善捐助通常不會超過 30%，有時更少；非營利性組織與非政府組織也有一些基本的不同，非政府組織通常是跨國性的民間事務組織，非營利性組織則通常是指地方性、草根性的國內組織（註 6）。

非營利組織（not-for-profit organization）主要源起於美國，當1830 年法國學者托克維爾（Alexis de Tocqeville）至美國考察獄政制度時，就發現美國民眾參與公共事務的熱誠與投入，他甚至斷言美國民主終將因此而陷入野蠻的不可能實現境地；幸好托克維爾的預言並未成真（註 7）。

非營利性組織通常具有七項的特點，包括：正式組織；民間性、社會性；利益盈餘不分配；志願性；基於公共目的；有使命感；獨立性。非營利組織的其他名稱，包括：慈義部門(Charitable Sector)、志願部門(Voluntary Sector)、免稅部門(Tax-exempt Sector)、獨立部門(Independent Sector)、非政府部門(Non-government Sector)、隱形部門(Invisible Sector)、社會部門(Social Sector)、第三部門(the Third Sector)、閭鄰組織（Neighborhood Organizations）、社區組織（community organizations)、慈善組織（philanthropic organizations)、等等。

非營利組織比較具體的研究，始於 1977 年耶魯大學的非營利組織方案計畫(The program on NPOs at Yale University，)。非營利組織研究盛行的原因，主要有有三：1.1970 年代經濟不景氣，；2.後資本主義時代的惡性物價澎脹，3.政府預算的赤字（註 8）。其研究可分為兩階段，八〇年代的概念化階段，九〇年代的廣博研

究階段。非營利組織的研究重點，通常包括探討與政府及企業組織的異同、探討管理者的組織及角色、探討與其他部門的關係、探討人力資源的管理、探討財源的規劃、探討資訊網路的規劃與管理、探討社會變遷的管理、公共策略管理、以及政策面、管理面、社會面與組織面的影響研究。

非營利組織的基礎理論，主要有五種（註 9）：（1）Hansman 的市場失靈(Market Failure)理論，（2）K.Weisbrod & J.Weiss 的政府失靈(Government Failure) 理論，（3）Salamon 第三者政府(the Third Party Government) 理論，（4）志願主義(Voluntarism)理論，（5）Lohmann 共同理論(the Theory of Commons)。

第四節　重建區非營利性組織的團隊模式

全國民間災後重建聯盟在兩、三年的工作經驗中，第一年主要是作為災區工作團隊的精神支柱；第二年主要作為災區工作團隊的經濟支柱，第三年主要作為災區工作團隊的保護傘（註 10）。

但由於全國民間災後重建聯盟畢竟主要組織與成員都在台北，在協助重建區的努力上，必然有所侷限，為了突破這樣的限制，民國 89 年 10 月，在中央研究院李遠哲院長的支持下，台灣社區重建協會（簡稱台社協）籌備成立，希望在全盟、工作團隊、草根性團體之間建立起相互扶助的協力關係，圖 7-4。連同最早（民國 89 年 6 月）成立的台中縣九二一大地震受災戶聯盟協會（原稱九二一大地震受災戶聯盟，簡稱災盟），以及以原住民重建為主體的民國 90 年 6 月成立的台灣原住民部落重建協會，成為三大草根

性民間聯合社團；幾乎重建區所有的民間重建團隊都與此三大聯
合社團有關。其關係如圖 7-5 所示。

圖 7-4　許多民間工作團隊陸續投入災後重建工作

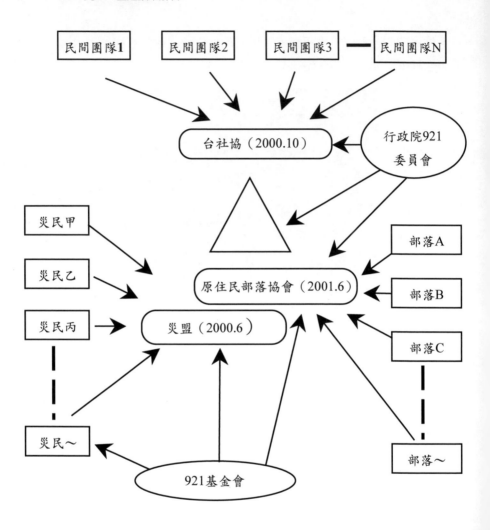

圖 7-5　921 重建區民間團隊基本架構

　　理論上，非營利性組織，其運作動力有五種模式，包括；政府支配型、民間支配型、二元模式，合作模式及獨立運作模式。九二一重建區的非營利性組織，其型態其實展現出非常多元的模式，有以守望相助為訴求的社區巡守隊、有以地方信仰中心為訴求的在地廟宇管理委員會、有承傳原有的社區發展協會、文史工作室、有媽媽班、大廈管理委員會等等型態，最盛時期包括九個縣市 33 個鄉鎮，超過有 130 個在地工作團隊，這些在地的工作者，不一定以文史工作室為號召，但卻有很深的文史工作素養，因此，本文並不多加以區別。而這些工作團隊運作的動力，有來自政府的補助捐助、有來自民間的協助支援、也有屬於二元模式、合作模式，甚至亦有主張獨立運作模式不願接受政府補助的在地團隊（註 11）。

　　這些強調在地特色的工作團隊有些是以個人專業團隊的型態出現，例如謝英俊建築師事務所與邵族勞動合作社合作完成邵族安置社區 43 個單元及松鶴部落 29 個居住單元建築，東海大學建築系/中華建築文化協會的布農族家屋重建計劃；不僅保存了原住民地區特有的生活空間，同時也透過有計畫的紀錄工率、用料、做法，來教育和組織輔導，使原住民可以結合各項資源，在不貸款原則下，自力建屋。

　　第二類模式是以在地產業特色的型態出現，例如南投縣有機文化協會，以中寮鄉和興村在地村民為主導，建立適地耕種、檳榔變綠樹、護土救水、重建家園的有機文化村，提出農業自覺、造林護水、國土保安、民俗文化四大訴求，新故鄉文教基金會的桃米社區觀光休閒產業整體規劃；不僅團結了當地區民的重建意

識，同時也得到社會各界的肯定。

三類模式從組合屋為出發點的工作團隊，如埔里鎮原住民慈濟大愛二村為基礎的娜魯灣托兒所組合屋兒童服務，南投市慈濟大愛一村協會等。

第四類模式有以宗教為主體的關懷團隊，例如臺灣基督教中寮九二一社區關懷站所推動的中寮鄉老人關懷活動計畫方案；南投縣基督教青年會所推動的南投縣 YMCA 九二一災區社會工作方案。

第五類模式是以社會福利基金會主導的重建關懷團隊，如伊甸社會福利基金會：九二一職業重建身心障礙庇護班職訓輔導計畫方案；南投縣長青老人服務協會：九二一老人安住計畫－打造一座老人的希望之村。

第六類模式是以人文藝術團體為出發的重建團隊，如南投縣耕藝藝術協會：壁畫、藝術造鎮－埔里重生系列：災區振興行動。

另外也有以原住民為訴求的團隊，如松鶴故鄉重建工作隊：泰雅布道街；當然有更多是以在地地名為訴求的重建團隊，例如富寮里匏仔寮重建工作站（註 12）。

重建區的民間工作團隊與政府重建部門之關係，大致上是建立在協力夥伴、監督重建與協助重建三個基礎之上，無論是之前的全國民間災後重建聯盟或是目前的台灣社區重建協會（簡稱台社協）、台中縣九二一大地震受災戶聯盟協會（簡稱災盟），台灣原住民部落重建協會，以及其他獨立性民間重建團隊，對於災後重建事項，無論是法案推動、捐款監督、資源媒合、框列特別預

算專款、設置聯繫網絡、研討會、座談會，乃至民意調查、紀念活動、教育訓練、經驗交流等等，皆有令人激賞的表現（註13）。

但重建區能不能藉由於在地工作團隊的投入，讓經濟趨於穩定，資源能交流共享，企業與社區更能共存共榮，個人與家庭能在穩定中恢復與成長，生活的網絡亦將緊密結合，可能是一個很大的挑戰。藉由民間工作團隊來帶動社區的再生活力，其實非常別於傳統的社區改造，值得支持鼓勵，參與的社區工作者或專業協助者，在持續投入的過程中，可能面臨幾項值得思考的課題，第一是社區工作倫理的問題；第二是參與民主化的問題；第三是團隊在地化的問題；第四是運作公開化的問題。

第五節　社區報的永續經營問題

發行社區報，是重建區在地民間工作團隊普遍採取的推動工作方式，這在爭取價值認同與團隊區隔上，有很大的幫助。在九二一重建區的重建過程中，社區報最能反映社區樣貌，也最能為社區發聲，官力所發行的社區報諸如重建報導、南投縣再造快報等，基本上多以報導重建相關法令、重建進度、相關補助方案或是統計資料為主。

這裡所談的社區報則是以民間團隊為主，根據全盟的統計，民間團隊的社區報前前後後大約有八十幾種，幾乎大部分的重建區草根性非營利性團隊，無論其為間接服務團體、外來協助團體、或是在地服務團體，都各自出版了一系列的地方刊物，例如全盟發行的全盟快報、台中縣九二一大地震受災戶聯盟協會（簡稱災

盟），出版九二一災盟通訊；台灣原住民部落重建協會，出版原聲
報。

這些社區報有些是標榜獨立經營，不願接受政府任何補助；
有些則是接受政府輔導及經費贊助，大部分的社區報都強調地理
社區與在地人的主體性，如埔里社區報、山城（東勢）周刊、南
投堡月刊、名間社區報、營南社區報、石岡人社區報、匏仔寮月
刊、員林鄉親報、阿罩霧（霧峰）鄉情報、竹山傳訊、清水溝社
區報、國姓社區報、中寮照相簿、霧峰時報、豐原社區報、信義
部落報、卡度布農部落報、松鶴風情報、大里溪社區報等等。

也有少部分是由幾個民間組織合作發行，例如 921 民報的 921
民報編輯部整合了新竹市文化協會、新竹北埔大隘文化生活圈協
進會、埔里眉溪四庄工作站、南投鹿谷六月天工作站、九二一大
地震受災戶聯盟等八個組織共同出版，透過這些刊物的傳播，可
以凝聚社區居民共同的意識、傳達政府重建相關的訊息，或作為
向政府爭取權益的發聲筒。

為了協助社區報成長，在重建特別預算中也框列了一部份經
費，由新聞局地方新聞處予以必要的輔導，這些輔導主要包括：
傳輸社區報永續經營理廿與手法、協調交通部郵政總局給予社區
報游資優惠、舉辦編採研習班協助社區報培育相關編採人才、協
助財力較差之社區報設備（如電腦）更新、人力支援及酌支行政
管理費用，協助社區報善用有限資源與籌措財源，行政院新聞局
也於 90 年 3 月訂有「新聞局輔導重建區社區雜誌補助要點」以茲
遵循，同時並定期召開社區報業務座談會。

社區報未來面臨最大的問題是人才與經費的問題，其中經費

是最大的問題所在，畢竟重建特別預算有一定的限制，92 年度以後，來自政府的經費協助必然更加困難，社區報要想永續經營，商品化與廣告包裝可能是不可避免而又必須面對的問題，行銷與流通網路結合當地旅遊與產業特色，可能是未來生存的關鍵所在。

第六節　社會性歷史記述與傳承問題

經由社會性歷史記述，了解地方，是重建區非營利性組織的另一個工作模式，如眾所知，傳統的歷史角度無疑地是以政治人物為訴求，所以有人說：歷史是過去的政治，而政治則是現代的歷史。但現在歷史研究的興趣，已經逐漸由政治的觀點轉移到經濟乃至社會的觀點，從古代的地方志到今日的鄉土教材，地方(社區)歷史書寫最大的困難，也許止在於國族歷史觀點的滲透與支配。因此，如何解放社區歷史重建的可能性，讓民眾在更為開放的空間中進行共同記憶的回溯、交換、重組，從前我們寫偉大政治家的歷史，現在則強調地方小人物的生活寫真，這種挖掘地方歷史更細緻的肌理，重建出小傳統的內涵，成為重建區文史工作者的重要課題。

在這個訴求之下，《大家來寫村史——民眾參與式社區史種籽村建立計畫》工作已然展開，開啟民眾參與自身社區歷史空間，「為自己寫歷史」，在先驅工作者的帶領和專業文史工作者協助下，由民眾自行詢問、探查、追究、回憶、記述，並透過書寫、圖繪、表演、歌唱、展覽、實作等活潑方式再現自己、或共同(社區)的記憶。為利於共同記憶的發掘、交換、組構與重建，經過一年多的

努力，行政院九二一重建委員會也研訂《九二一重建區地震經驗及重建紀錄編撰補助要點》，框了一部份經費幫助民間團隊或個人彙編撰寫地震經驗與重建紀錄，希望有助於重建區尋求建立永續的村史機制的可能。也期望經由社區成員互動建立的「社區史」，不再只是文字的堆積，而是可以操作、可以感知，並且足以建立人與人深刻連帶和展望未來的真實動力。

第七節　社區總體營造問題

以社區總體營造方式，促進永續經營，是重建區民間工作團隊一個可以與主流價值接軌的重要模式。九二一震災重建至今，已經將近三週年，三年來，我們看到社區、民間團體、政府部門積極透過社區總體營造的理念與方式進行社區重建，列入社區重建的內容除了住宅、社區之外，還列入了土石流整治、產業重建、部落重建、農村具落重建、乃至就業永續工程，目前重建會訂有《行政院九二一震災災後重建區辦理社區總體營造輔導實施計劃》，分兩階段輔導地方成立社區總體營造工作團隊，透過＜協力型政策與計劃＞的模式，廣泛的建立政府—民間合作模式，各類型的社區民眾都可透過提案的方式，直接向政府申請。

從 2001 年開始，行政院文建會積極推動「九二一震災重建社區總體營造」，將重建區劃分四個區域，每一區公開甄選 15 個社區營造點及營造員，並招標四區的「營造中心」，負責協助責任區各營造點的團隊組訓與計畫推動，甄選的社區首需成立健全的組織與團隊分工，經由自發性的提案與相關培訓過程，秉持「社區

人做社區事」的熱忱參與，落實社區重建與人才培訓，期許朝向草根組織的民主健全化，以及社區實務能力與知識成長並進的方向努力。

不同以往被動式的審查社區提案與經費補助，文建會嘗試推動較具體的執行運作系統與計畫實施，文建會中部辦公室並設有「專案管理中心」，彙整各種專業人才與資訊，提供各社區重建所需之人力資源及相關教材資訊，並進一步協調教育單位與地方政府，設立各「社區學苑」或「部落教室」，避免兩年計畫結束後，社區改造與人才培育，面臨後繼無力。

社區總體營造牽涉社區各層面與資源整合，包括文化、教育、產業等關聯性，並需顧及區域內各社區的均衡發展，逐年由點而面的進一步展開區域發展計畫，更重要的是各部門職責與經費的整合協調，結合文化、教育、產業、觀光、公共工程等單位的力量，方能落實社區總體營造。

推動以社區主體、做自己主人的社區營造與文化深耕，來激發在地工作團隊與在地人的創意、點仔與信心，共同創造屬於社區自己的生活，是社區總體營造最終院景，成功的案例包括：邵族的自立造屋、華山村的土石流整治、上安社區重建、澀水社區重建、秀峰社區重建、太子及第重建等等，每一個重建都是一個故事（註14），這些故事是否能成為社區總體營造的生存法則，無疑的也面臨極大的考驗。

面對未來，透過行政院勞工委員會的永續就業工程補助，以社區總體營造的方式，提昇自我價值與社群意義，以社群組構關係的重新建構，開啟弱勢族群，邁向未來的行動，改正經濟導向

所造成的社群組構關係與價值的崩解困境。形成三大議題＜社會、生態、經濟＞的良性互動與衝擊，奠定故鄉新模式。一方面，作為村落自我形象轉換，另一方面，朝向可以調節的社區關係的變動，結合地區原有的觀光地理，水利資源，全面性朝向人性與生態村前進。

第八節　住民自治與社區防災問題

　　九二一地震破壞的不只是建築物、公共設施、公用設備及個別的家庭，也破壞了既有的社區結構與人際網絡。在重建的腳步中，除了硬體建設之外，如何恢復社區應有的機能，鼓舞社區居民的參與，讓社區發展的主導權再次回到社區居民手中，是一個極為重要的課題。所謂自治，其實就是社區人要能確實負起社區公民的責任。

　　為了協助在地工作團隊的成立與運作，民國 89 年 10 月，行政院九二一重建會（企劃處）特別框列了 1000 萬元的經費額度，協助災區基層工作團隊的基本行政運作，並於當年的 11 月 9 日民間團隊作座談會中宣佈，對剛起步的弱勢工作團隊起了一定的協助作用。隨著重建的進程，許許多多在地工作團隊，轉化為社區總體營造的尖兵，對在地工作團隊的紮根，應有實質的助益。

　　行政院九二一重建會主要透過補助的方式來協助地方民眾舉辦有意義的活動，諸如心靈重建、社會福利、兒童照顧、文化資產保存、產業振興、生活安置，乃至週年紀念活動等等，讓社區團隊透過各項活動與社區居民更緊密的結合，從提案的過程學習

自治與民主的真諦。

　　另外一方面，藉著這種種的互動與學習，培養住民成為地方主人的能力與自信，又由於來自各大專院校的的發展團隊，協辦各項活動，與社區居民形成信任與協力伙伴關係。

　　經由重建的深化，學習社區防災，也是民間工作團隊的可能貢獻之一，聯合國在推動國際十年減災計畫（I.D.N.D.R）時，提出了建構耐災社區（Disaster Resilient Communities）的國際防災策略與防災文化（culture of prevention），期待能促進社區參與、社區居民防災意識與能力的提昇，來降低災害時的可能損失。而美國聯邦緊急應變管理總署 FEMA 於 1995 年提出「防災社區」（Disaster Resistant Community）概念，從過去強調災時應變與災後重建，轉為重視災前地方防災（pre-disaster）的準備工作，以降低每次災害造成的衝擊與損失。

　　傳統的防災體系大都強調由上而下的指揮機制，但精省以來，原由台灣省政府操控的運作機制，在中央政府操作下，似乎不能盡如人意。也許我們應該思考將原先由上而下的減災防災系統轉變為結合各部門由下而上的防災減災系統。

　　社區防災工作的重點，與其說是以減災工作為主，不如強調災害發生前的預防能力。包括營造具有高度防災意識的社區、防災生活圈的規劃、延燒阻隔帶的設計，以及生活圈內居住環境的改善等等有助於降低居民與財產災害的措施，皆值得考慮。

第九節　生機與侷限

公元 2001 年 9 月 22 日，在九二一地震兩週年的時候，全國民間災後重建聯盟與台灣社區重建協會在南投中興新村省政資料館舉辦《實踐與開創：新生代觀點》災後重建實務研討會，會中這些年輕的民間團隊工作者曾發表 13 篇論文（註 15）。

從這些論文中，我們可以感受到這些在地的、年輕的民間工作團隊的工作經驗與心路歷程，雖然這些民間工作團隊一開始不一定是所謂的＜在地＞工作團隊，但隨著時間的推移，互動的增加，他們已經變成道道地地的＜在地工作團隊＞，這些原本陌生的民間團隊，雖然其相關的永續經營問題已經到了營利與非營利的十字路口，我們可以將這些民間工作團隊所面臨的表列如表7-3。

我們期望這些民間工作團隊應該繼續堅持非政治與非經濟的道德訴求，而其所展現出非營利性的特色，所發展出社會信任（Social Trust）機制，已經可以改寫新一波的台灣社區再造運動。在這裡，我們可以觀察到社區公民意識的覺醒、社會新道德與社會新價值的形塑，我們也應該肯定學界所扮演的催生者與唱導者的角色，展現在未來的可能是有別於官僚體制與企業體制的社區參與體制。

表 7-3　九二一重建區民間工作團隊面臨的生機與侷限

論述主題	生機	侷限
1.社區報永續經營問題	價值認同 團隊區隔 社區發聲 溝通傳播 整合資源	經費自主性 人才培育 行銷通路
2.歷史性記述與傳承問題	社會觀點 經濟觀點 鄉土（本土）觀點 共同記憶	價值認同 新價值 過去與現在的對話機制
3.社區總體營造問題	與主流價值接觸 政府民間合作模式 民眾提案模式	永續工程瓶頸 資源整合問題 專業關聯問題
4.住民自治問題	公民社會 責任、權利與義務 民主學習 信任及伙伴	經費自主性 操作人才 能力發揮
5.社區防災問題	社區意識 防災意識 預防能力	指揮機制 防災落實

註釋：

1. 參見鍾起岱：非營利性組織：九二一重建區民間工作團隊的生機
   與侷限。研習論壇第 24 期。民國 91 年 12 月。南投：行政院人事
   行政局地方研習中心。

2. 事見謝國興主編：協力與培力：全國民間災後重建聯盟兩年工作
   紀要。台北：全國民間災後重建聯盟。民國 90 年 9 月。1-27 頁。

3. 災後重建民間諮詢團內分六個小組：工程與防災、環保與農村、
   醫療衛生與社會/教育/心理、社區與文化、產業與財務、法律等。
   除了諮詢的功能外，從某個角度來說，這個諮詢團的角色是提醒
   的、監督的，2000 年總統大選民進黨贏得政權之後，小組的成員
   有許多轉任新政府擔任要職，例如陳希煌、陳其南、陳錦煌、賀
   陳旦、杜正勝、鄭深池、殷琪、林全、林能白、范光群、黃榮村
   等。

4. 參見 Gore, Al（1993）：From Red To Result：Creating a Government
   That Works Better and Costs Less. Gore, Al（1994）：Creating a
   Government That Works Better and Costs Less：Status Report. Gore,
   Al（1995）：Common Sense Government：Works Better and Costs Less.
   Gore, Al（1996）：Reinvention's Next Steps ：Governing in a Balanced
   Budget World. Washington D.C：Government Printing Office.

5. 丘昌泰（2000）：公共管理－理論與實務手冊。(台北：元照出版
   社)。365-386 頁。

6. Salamon, Lester M abd Anheier, Helmut（1997）：The Emerging
   Nonprofit Sector ： An Overview Manchester and New York ：

Manchester University.

7.　同註 5。

8.　參見鍾起岱（1999）：公共管理講義。東海大學公共行政研究所。
未出版。

9.　同註 5。

10.　同註 1。30-45 頁。

11.　在九二一大地震初期，部分民間自發性組織，或有強調其自主性，
而不願意接受政府補助，只願意接受小額捐款者，不過隨著重建
的逐步完成，重建作為議題性角色的逐漸退色，這類＜獨行俠＞
的非營利性組織，較其他接受政府補助貨協助的團隊，面臨更大
發展上的困境。

12.　參見謝英俊建築師事務所與邵族勞動合作社：社區及部落重建協
力造屋示範計畫；南投有機文化協會：和興村重建工作站－社區
新景計畫；東海大學建築系/中華建築文化協會：布農族家屋重建
計劃；埔里鎮原住民慈濟大愛二村娜魯灣托兒所：災區組合屋兒
童服務簡報；呂金燕：南投市慈濟大愛一村簡報；臺灣基督教中
寮九二一社區關懷站：中寮鄉老人關懷活動計畫方案；南投縣基
督教青年會：南投縣 YMCA921 災區社會工作方案；伊甸社會福
利基金會：九二一職業重建身心障礙庇護班職訓輔導計畫方案；
新故鄉文教基金會：桃米社區觀光休閒產業整體規劃；南投縣長
青老人服務協會：九二一老人安住計畫－打造一座老人的希望之
村；南投縣耕藝藝術協會：壁畫、藝術造鎮－埔里重生系列：災
區振興行動；松鶴故鄉重建工作隊：泰雅步道街。

13. 詳見謝國興主編：協力與培力：全國民間災後重建聯盟兩年工作
    紀要。台北：全國民間災後重建聯盟。民國 90 年 9 月。49-107
    頁。

14. 行政院九二一震災災後重建推動委員會：九二一震災重建區總體
    營造初步成果選集。民國 90 年 9 月。

15. 參見台灣社區重建協會主編（2001）:《實踐與開創：新生代觀點》
    災後重建實務研討會論文集。

第八章 台灣九二一震災史料的蒐集與運用

第一節 九二一地震史料收集的重要性

繡取鴛鴦憑誰問？不把金針度與人。

——杜甫

研究歷史，必須要有史料，史料通常分散於各處，隨著時間的流逝，愈古老的史料愈需窮悠久之歲月，細心蒐集，才能周全。太史公司馬遷寫史記，必須網羅天下放失舊聞，西至崆峒、北過涿鹿、也要東漸於海、南浮江淮；可見史料的重要性。司馬光寫資治通鑑，必須先作叢目，次作長篇，然後再根據長篇寫成資治通鑑（註1）；可見有系統收集史料的重要性。

史料的收集，與其留待百世之後，有心人士即使廢寢忘食，勞神頓形，不僅未必有跡可循，即使有，亦如鳳毛麟爪。歷史事件如果能夠由當代人士有計畫、有系統的保存收集，不僅能充分還原歷史真相，也可以鑑古知今。

有系統的史料蒐集很多是以百科全書的型態出現，例如清朝陳孟雷的古今圖書集成，紀昀的四庫全書等均為我國出名的百科全書。但隨著科技的進步，除了文字之外，聲音、影像、照片、私人筆記、實物、官方紀錄、出版品，都有可能加以有系統的收

集與紀錄。

　　1999 年發生的九二一大地震，至今已三年，三年來政府重建工作經歷了李總統、陳總統兩位總統以及蕭內閣、唐內閣、張內閣與游內閣四位閣揆，政府投入的直接經費，超過 3000 億（註 2），可以說超過台灣史上任何一次天災，陳總統也宣示四年內要完成重建工作（註 3），這些工作逐步完成的同時，期間所經歷的各種事件的史料如何保存為一重要課題。

　　民國 89 年九二一週年紀念日後不久，筆者與當時九二一重建會執行長黃榮村博士對談中提到「四年重建工作將留下什麼？」。除了新理念、新價值、新的校園空間和重建的家園之外，記錄九二一這段國人的共同記憶成為一項非常具有意義的工作，此後兩年的時間，我們為記憶重建工作，推動了《九二一地震檔案推動計畫》（註 4），也催生「九二一地震檔案數位知識庫」，這篇論文就是在這個基礎上發展出來的。

第二節　九二一集集大地震相關史料的蒐集

　　九二一集集大地震不只是一個重要的自然事件、地質事件，九二一集集大地震對台灣社會的影響，更是重要的歷史事件。九二一的重建工作，隨著相關法令的突破和經費的支援，逐漸展現成果，重建的目標也隨著時間的推移，而逐漸完成。惟從救災、安置到目前的重建，官方和民間相關的文件檔案，散見各處，從各級政府到各民間部門，一直缺乏有系統的蒐集整理，而在初期緊急救災和之後面臨民眾亟欲重建的壓力下，也一直沒有受到應

有的重視。

　　初步的分析，三年來，九二一震災重建產生的檔案資料，包括：（1）重建區生態資料：動物生態、植物生態；（2）地球科學：包括台灣地震觀測網、斷層、地殼變動；（3）社會文化：包括災後相關遷村與人口流動、社區傳播、研討座談；（4）重建法規：重建法令、災後重建計畫工作綱領、緊急命令；（5）官方檔案資料：救災、安置、公共建設、重建貸款、各級重建推動委員會、重建計畫；（6）地政地籍資料：地形資料、地籍及區界、都市及區域性資料；（7）社會動員資料：公部門、民間團體的動員、非營利性團體、民間工作團隊、國內外救援團體；（8）震害調查資料：強地動、民意調查、交通設施、結構工程；（9）環境災害資料：土石流危險區、斷層資料、地質資料；（10）醫療心理：公共衛生與流行疾病、緊急救護系統、健保；（11）經濟財政：金融與房地產、保險、產業與就業流動，（12）網路資源：九二一入口網站、九二一集集大地震科學圖解、台灣地震地理資訊整合系統、全國民間災後重建聯盟網站等等，這些史料或資料的應用範圍，非常廣泛，如果能加以系統性的收集，不僅是對九二一歷史的交代，也更多的是對地震島國人民的關懷。

　　我們認為從推動歷史檔案的分類和蒐集開始，才能從資料中瞭解事件的脈絡；透過歷史檔案的研究和分析，才能從歷史中粹取經驗；透過歷史檔案的整合和加值，才能從累積的智慧中錘鍊出防災和應變的能力。本專案計畫以系統化的方式蒐集相關檔案，資料的來源，包括分散各官方組織的文獻官書，民間團隊、學術機構、非營利性團體的史料，期望透過分類編目、資訊化建

置、典藏展示及應用，為後代子孫留下九二一的歷史見證。

第三節　九二一震災史料的珍貴性

　　台灣位於環西太平洋第三紀造山帶上，同時也是環太平洋地震帶上，由於 200 萬年前開始的蓬萊造山運動綿綿不絕，地震頻仍，史不絕書。清公檔案、台灣地方誌、台灣省通志，均有不少關於台灣地震的紀錄與記載。但台灣人開始觀測地震，始於 1896 年由日人開始設立測候所觀測地震，因此通常我們把 1896 年以後儀器觀測地震之歷史，視為台灣正式的地震史（註 5）。九二一集集大地震是台灣一百年以來最大的地震，據中央氣象局整理的地震紀錄，台灣自 1900 年以來，共發生五次規模大於 7.3、八次等於 7.3 的地震，大部分震央在海中。

　　但過去使用的地震規模計算標準並不一致，因此難以比較，所造成的傷亡與損失僅次 1935 年的 4 月 21 日發生之新竹台中烈震，此事記錄於日本總督府資料昭和 10 年台灣震災志，這本厚達 710 頁的報告書也是台灣史上第一次記錄最為完整的地震（註 6）。

　　相較於 1995 年 1 月 17 日發生的日本阪神（Hanshin- Awaji）大地震，九二一集集大地震之規模及影響範圍均比阪神地震為大（註 7）。而且因屬逆衝斷層型態，東側地區震力額外激烈，高達 1g（中央氣象局名間地震站測得），為阪神地震 0.8g 之 1.2 倍。

　　就地球科學的研究而言，分析大地震的發生及震波傳播的詳細過程，需要高解析率之地表強地動在時空上的分佈為依據。在以往的研究中，由於地震站密度不足，地震學家利用各種假定以

補足時空的空缺，並據以推測地震的發生過程及傳播。因此使用相同的地震資料卻獲得大異其趣的結論相當常見。九二一集集大震的地震學觀察將可釐清這方面的爭議，並提供更精確的震源破裂過程及震波傳播現象的分析，這是由於中央氣象局數年來大力建設，目前分佈全島共計 600 多部地震儀的強地動觀測網，在這次地震中真正發揮了功能。

此外，集集大地震主震規模驚人，大地震發生僅一個星期的時間，規模超過 6 的餘震就有 8 次，釋放的能量相當於 25 顆原子彈的威力，而規模 6.5 以上的強烈餘震至 9 月 28 日已經發生 4 次，這是全世界相當罕見的案例。

由於九二一地震主震的能量被阻擋在中央山脈和雪山山脈之間，也因此造成此後 4 次大餘震都集中在此一區域，這樣特殊的地質現象也是全世界僅有的紀錄。再者，集集大地震於地表產生長達 105 公里之地表斷層，不僅其長度為世上罕見，斷層上下盤間形成之高差最大可達 7-8 公尺，亦為世上罕有之紀錄。

第四節　九二一震災史料蒐集分工

與九二一震災相關的史料來源可約略分為下列數種，第一種當然是政府機關所擁有之文書檔案，包含公文、計畫、出版品、報告、會議紀錄等。第二種是民間出版品，包括：報紙、雜誌、重建區社區雜誌（報）、坊間出版品、學術機關相關研究、地方文史資料等。第三種是科學史料，包含地震觀測網各測站之地震歷時記錄、地層變動資料等；第四種是紀實，例如台灣省政府文獻

會編印之『九二一集集大地震救災紀實』以及民間文史工作者的地震紀錄;第五種是影音史料:包含新聞、廣播等媒體的新聞、照片、影音等記錄;最後是其他各項統計資料等均屬於廣義的史料。

這些史料除了實物之外,有文字、圖像、影片、聲音等多種型式的資訊,如何在共同平台的基礎上,由各領域專家作分析、記錄並詮釋資料,以供政策實務與學習研究以及一般民眾檢索、展示、交換之用,是一個值得思考的重要課題。

這種經過詮釋加工後的資料,我們稱為後設資料(Metadata),這個後設資料庫可以透過網際網路形成數位資料庫,可以在多重資料間建立關聯架構,提高收集資料的附加價值,也可以結合地理資訊整合系統(Geospatial Information Solution),建構精確的時間與空間基底,以空間視算(spatial risualization)方式提供更生動,易讀而精準的事件原貌。

使用者可以透過 Web 瀏覽器,在網路地圖上進行查詢,縮放及平移同時也可以套疊不同地圖,進行複合查詢。由於九二一震災相關史料來源與包含層面廣泛,在蒐集上十分不易,其保存構想如圖 8-1。

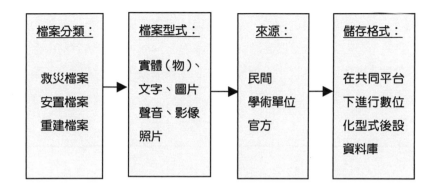

圖 8-1　九二一檔案保存計畫構想圖

　　在政府文書方面，行政院九二一震災災後重建推動委員會成立前，政府救災工作主要是由中央各部會共同參與，因此該時期檔案分散於各機關，估計約有六萬筆資料，其中 4000 筆集中存放於研考會中部辦公室，新政府成立以後，政府文書檔案估計約有 10 萬筆，大部分集中存放於九二一重建委員會。

　　民間出版品包括從 1999 年九二一大地震發生後至 2002 年年底，包括中國時報、聯合報、自由時報等報紙報導之新聞資料及社區報、雜誌所有相關之報導、書籍、學術機關研究報告、文史工作室相關資料；影音史料包括平面照片與動態影像之紀錄資料；科學史料主要以國科會國家地震工程研究中心為主體的九二一地震工程復建技術調查、社會經濟重建對策調查、重建區數位航兆計畫等研究；又由於省府文獻會編印之『九二一集集大地震救災紀實』所記錄的內容為民國 88 年 9 月 21 日大地震災變與搶救過程為主，斷限止於 88 年 11 月 30 日，也就是僅止於記錄前政

府蕭內閣時期的事件，至於後續新政府的重建事宜則未有記載，因此，在蒐集資料的同時，原本將繼續委請省府文獻會接續編印『九二一震災災後重建實錄』，但因種種因素，此一計畫目前由台灣省政府民政組執行中，期能完整記錄震災發生至重建始末。整體檔案計畫各單位分工如表 8-1。

表 8-1　震災史料蒐集分工表

史料種類		負責蒐集單位	所需經費（萬元）	進度
政府文書	蕭內閣時期	國家檔案局	1026	91/08 已完成
	新政府時期	九二一重建會	500	92/12 建置中
重建實錄	蕭內閣時期	台灣省政府文獻會	150	89/12 已完成
	新政府時期	台灣省政府	600	93/06 研究中
官方出版品		九二一重建會	600	陸續出版中
民間出版品		新聞局地方新聞處	300	91/12 已完成
影音史料		新聞局視聽處	2100	91/12 已完成
科學史料		國科會	3800	91/12 已完成
統計史料		九二一重建會	60	90/01 已完成
後設數位資料庫		中央研究院	1100	92/12 建置中

〈經費以實際執行為準，本表僅供參考〉

第五節　九二一震災史料展示構想

　　為保存相關地震災變史料，日本北淡路島設有野島斷層保存館、岐阜縣設有濃尾地震根尾谷斷層地下觀察館、大陸唐山原第十中學也設有簡易保存館。九二一大地震後，為了紀念死傷同胞，並提醒政府與民眾重視天然災害之預防及救災措施，社會各界有興起地震博物館、紀念館或紀念碑之議，其中以教育部與 TVBS 於台中縣霧峰鄉光復國中操場之斷層隆起現址規劃改建為《九二一地震教育園區》最為有名，所需經費高達 9 億元，分別由民間認養與教育部、重建會編列預算支應，預定分兩期辦理，計畫於民國 93 年完成。

　　除此之外，為使蒐集得的震災史料能獲得更廣泛且有效的運用，將藉由『九二一地震檔案數位知識庫』在網路上虛擬展示震災史料，並搭配位於台灣省政資料館之四座實體展示中心，分別是『九二一地震資料展示陳列室』、『九二一績效陳列室』、『九二一震災史料影音中心』及『九二一震災史料圖書中心』。

　　九二一地震檔案數位知識庫的概念由來，乃希望運用網際網路科技平台有效管理九二一地震檔案，除具備多功能提供線上查詢、調閱及下載等等服務外，也可使地震檔案資料庫的檔案資料內容取材更為豐富，便於透過網路介面共享數位化典藏。

　　希望藉由資訊的整合促進資源整合、分享與有效運用，提供地震及地球科學相關基礎知識與歷史記錄，讓國人更了解地震基本常識、防救災應變措施及災後重建工作等相關知識，此外，留

存完整的（田野訪調、科學紀錄、社會文化變遷衝擊等事件紀錄）
各類文字、影像、影片、錄音、研究數據等資料之數位歷史記錄，
並利用適當的資訊技術，賦予詮釋資料（metadata），提供便利的
資訊檢索服務以匯集經驗，作為緊急應變機制或體系之參考與建
議，而基於學術研究基礎與互動之考量，知識庫資料將成為學術
研究基本素材，同時亦將研究成果回饋至本數位紀錄中，地震檔
案資料庫的概念如圖 8-2。

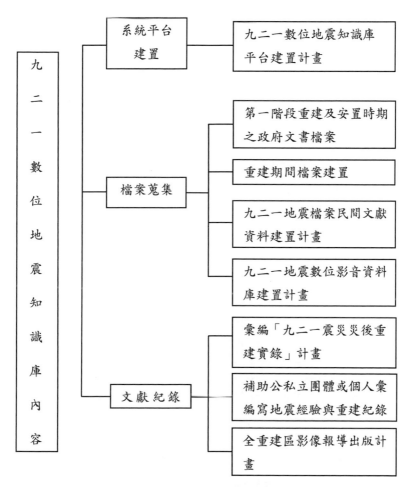

圖 8-2　九二一數位地震知識庫內容

　　由於此概念與中央研究院之『台灣地震數位知識庫』（註 8）殊途同歸，先是 1999 年 11 月，中央研究院邀集地震研究相關學科專家組成的團隊，將九二一地震對人文、社會、自然等各方面

造成的影響以多種不同的形式來進行資料蒐集，包括新聞報導、口述錄音，錄影資料等，製作成數位記錄永久保存，由中央研院計算中心總其成，但由於經費所劃極大的限制，以致初期進度不如理想。

其後行政院九二一重建委員會開始認真思考為九二一重建留下記錄，雙方在黃榮村部長與李遠哲院長的支持下，逐漸形成合作關係，因此規劃組織分工架構，由重建會主導震災史料的蒐集，中央研究院負責運作平台建置，並配合專業技術、充足資源及各領域專家經驗，建置完成九二一地震檔案數位知識庫；整個構想如圖 8-3；作業示意如圖 8-4。

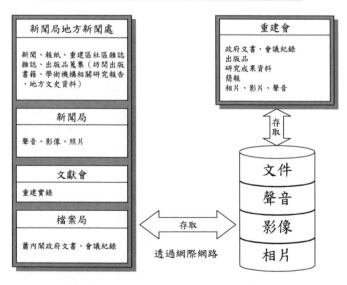

圖 8-3　九二一檔案資料庫建制計畫構想

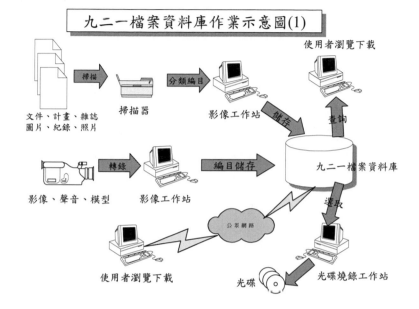

圖 8-4　九二一檔案資料庫作業示意圖

　　九二一地震檔案數位知識庫也建立出一套知識分析作業模式與後設資料作業平台，透過各領域專家應用此模式與平台對所蒐集的檔案資料加以分析與詮釋，整合原始資料與後設資料（METADATA）而成一知識庫系統，此一系統不僅具有完整的資訊分類架構以及目錄管理功能，並且具備多功能檢索引擎，加上領域專家詮釋之後設資料，可提供便捷且精準之查詢能力。

　　九二一影音資料中心、九二一圖書資料中心，主要以保存、展示、收集各項地震及災區重建有關之影音集圖書資料，全案已經完成，並於 2003 年 3 月開放供各界使用。

　　九二一績效陳列室，主要是展示新政府重建績效，已施作完

成，預定 2002 年 9 月開放民眾參觀；另外九二一地震資料展示陳
列室，主要係展示蕭內閣時期救災及安置成效，已經於 2001 年 9
月開放參觀，這幾個陳列室均設於省府資料館，主要展示地震所
造成的災情，及其後的救災、安置、復建、重建工作之艱辛歷程。

　　九二一地震資料展示陳列室以展示九二一大地震歷程為主
軸，展區配置以時間的縱軸為參觀的順序，從地震成因導論→地
震發生那一刻→各地災情實況→舉國上下搶救→安置→重建→願
景。各區以不同展示手法，透過光線、空間、造型等元素，呈現
各該時段代表性畫面、事件以及文物。如圖 8-5。

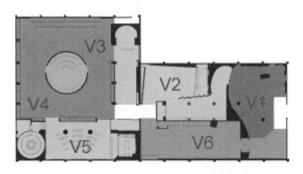

E1　導論區	E2　驚心動魄 921	E3　心手相連　重建家園
1.1　搖滾大地 1.2　地震成因	2.1　嘎然而止的舞步 2.2　地震發生的那一刻 2.3　全民總動員 2.4　臨時庇護所	3.1　重建指導原則 3.2　921 救援大事記 3.3　重建指標工程總覽 3.4　住宅及社區工程重建 3.5　公共工程重建 3.6　大地工程重建

		3.7　生活重建
		3.8　產業重建
	5.1　地震知識	6.1　重建的推手
	5.2　防震演練	6.2　人民的希望
	5.3　地震體驗	6.3　重建區生命力
		6.4　重建的願景
		6.5　希望的種子

圖 8-5　九二一地震資料陳列室示意圖

資料來源：台灣省政府資料室

　　在台灣過去的歷史當中，地震其實是與台灣人民共震共生的，每一次地震其實都代表著不同的社會意義，例如 1906 年的嘉義民雄規模 7.1 的地震（註 9），所引發的嘉義現代化市區改正運動，1935 年的苗栗卓蘭規模 7.1 地震（註 10），日本殖民政府在台灣展開極具爭議性的皇民化運動。

　　1999 年的九二一大地震，所代表不僅是政黨首次輪替，更重要的是災後新價值觀的確立，包括廢棄物的再生利用、自然工法、生態工法、近生態工法的普遍應用、傳統構造物如新社白冷圳、東勢木材廠等的重生、新校園運動、社區總體營造的大規模實驗、老街新造、深度旅遊的倡導等等，均展現出災後重建的新生命。

　　九二一震災史料可說是由 2505 條人命換來的，其珍貴性自然不在話下，這個九二一檔案計畫如果能逐步實現，不僅可能建立世界最大的九二一資料庫，更藉由學術及社會各界廣泛利用，也許未來面對類似災害，我們已經累積足夠的經驗與研究，可以減

低災變的損失，也可以創造更新、更高的文明新境，讓這些史料的價值更顯珍貴。

註釋：

1. 參見司馬遷《報任安書》〈史記五帝本記〉及參見司馬光《與范內翰論修書帖》。

2. 包括蕭內閣時期編列的 1061 億元，唐內閣時期 21 億元，張內閣時期 1000 億特別預算（兩期），其他尚有中央銀行釋出的 1000 億專案房貸融資。

3. 參見陳水扁《總統就職演說》〈台北：總統府，2000〉。

4. 參見鍾起岱《歷史保存、經驗共震：九二一檔案保存計畫》〈台北：中央研究院簡報，2002〉。

5. 牛頓出版社：地震大解剖。1999 年 11 月 5 日.

6. 1936 年台北觀測所亦出版「昭和十年 4 月 21 日新竹台中烈震報告」，有 160 頁，東京帝國大學地震研究所另有論文集「地震研究所屬報別冊」第 3 號，於 1936 年 3 月出版有 238 頁。

7. 阪神大地震規模為 7.2 震央發生在北淡鎮下 14 公里，在阪神地震造成慘重災情，有近 6,000 人罹難，15 萬棟房子全毀或半毀。

8. 中央研究院：《九二一災後重建相關研究計畫執行報告書》〈台北：中央研究院，2001〉

9. 1906 年嘉義民雄地震，規模 7.1，造成 1258 人死亡，2385 人受傷，6772 棟房屋全倒，14218 棟房屋損壞。

10. 1935 年苗栗卓蘭地震，規模 7.1，造成 3276 人死亡，12053 人受傷，17907 棟房屋全倒，36781 棟房屋損壞。

第九章　九二一災後重建條例的啟動與修正

第一節　災後重建條例修正始末

　　回朔九二一大地震發生伊始，先是總統於 9 月 25 日發布＜緊急命令＞，行政院於 10 月 18 日通過＜緊急命令執行要點＞（註1），緊急辦理災害救助、災民安置與災後重建事宜。而為有效、迅速推動震災災後重建工作，以重建產業並恢復家園，總統於 89 年 2 月 3 日公布「九二一震災重建暫行條例」，以銜接緊急命令施行期滿之後續工作，此一法律基本上屬於定有五年落日條款的現時法律，其用意是作為重建的特別法，關於重建具有優先適用的特性，同時以五年為限，有督促行政部門的用意，並作為推動災後重建工作之法制基礎（註 2）。當時距離災變還不到五個月，災區民眾期望政府者，仍脫離不了救災與安置，再加上緊急命令亦尚未屆滿期限，因此亦有主張不必急於制定重建條例，最好能凝聚更多共識，以免公布的法律案窒礙難行。

　　惟條例公布之後，有關災區地籍測量之實施、集合式住宅之重建、促進災區失業者就業措施、安置受災戶用地之取得等等問題，仍亟待解決，為因應災區民眾之重建需求及切合重建區現況，以期更有效推動災後各項重建工作，該條例實有加以檢討修正之必要，新政府成立後，行政院特責由九二一災後重建推動委員會擬具＜九二一震災重建暫行條例部分條文修正草案＞，計修正十六條，增訂八條及刪除五條，經行政院 89 年 9 月 20 日台 89 內字

第 27678 號函請立法院優先審議。

　　透過朝野協商，本修正案被列為最優先法案，於是年 11 月 10 日經立法院第四屆第四會期第十三次會議三讀通過，計增訂條文十二條、刪除條文五條、修正條文二十三條，總統並於民國 89 年 11 月 29 日正式公布（註 3）。這個修正案基本上對部分重建意願極高的災民同胞降低了重建的門檻，但對無意重建的災民同胞卻沒有積極性的退出條款，因此民國 90 年 9 月，行政院再度向立法院提第三次的修正案，案由於部分條文呈現行政部門與立法部門的拉拒，直至民國 92 年元月 15 日才完成三讀。此一期間，民國 90 年 9 月桃芝颱風造成花蓮及中部災區重創，南投縣選出的立委張明雄等 34 人於 10 月間提案要求與九二一震災有相當因果關係之天然災害，亦應適用《暫行條例》，因此要求修正《暫行條例》七十四之一條，亦獲通過。

第二節　重建暫行條例修正總覽

一、暫行條例研修

　　世界各國救災防災各法制的建立多半伴隨著災害的發生，人民生命、財產遭受巨大損害，政府廣受責難，於痛定思痛之後，制定相關法規以資因應，日本如此，美國如此，台灣亦是如此。為有效、迅速推動震災災後重建工作，以重建產業並恢復家園，89 年 2 月 3 日公布「九二一震災重建暫行條例」相關的 23 項子法研定整整花費了將近八個月，直至九二一週年前後才全部發布實施（註 4）。

　　但這中間，有關災區地籍測量之實施、集合式住宅之重建、災區產業的振興、失業者就業、受災戶安置與貸款等等問題，仍難以完全解決，為因應災區民眾之重建需求及切合災區現況，以期更有效推動災後各項重建工作，新政府成立後，條例的修正工作成為首要課題，新政府並承諾在九二一大地震週年紀念之前，一定要將修正案送入立法院，在半年內完成修正工作（註5）。

　　民國89年9月20日行政院如期將＜重建暫行條例修正案＞送請立法院審議；這個修正案可以說是重建暫行條例的第一次、也是規模最大的一次修正案，民國89年11月29日第一次修正案完成立法院程序，並經總統公佈實施，共計增訂第十七條之一、第十七條之二、第二十條之一、第二十條之二、第二十一條之一、第二十九條之一、第三十二條之一、第三十三條之一、第三十四條之一、第五十條之一、第五十二條之一及第七十三條之一；刪除第二十七條、第三十八條、第三十九條、第四十條、第四十一條條文；並修正第五條、第八條、第十二條、第十七條、第十八條、第三節節名、第二十條至第二十六條、第三十二條、第三十六條、第三十七條、第四十七條、第五十條、第五十三條、第六十六條、第六十九條、第七十條、第七十二條及第七十三條條文。

　　民國90年8月由於桃芝颱風重創中部災區，南投縣籍立法委員張明雄提案要求比照九二一震災辦理救災及安置、重建，因此有第二次的修正案，民國90年10月17日完成立法院三讀及總統公佈程序，只有增訂一條《第七十四條之一》的張明雄條款。

　　民國90年年底，九二一重建會鑒於重建的啟動機制雖然建置，但無意重建的退出條款卻仍然欠缺，因此提出第三次修正案，

經過一年多的政黨協調與等待，民國 92 年 2 月 7 日，第三次修正案完成立法程序由總統公佈實施，共增訂第六十八條之一條文，並修正第十三條、第十七條、第十七條之一、第十九條、第二十二條、第二十三條、第三十三條、第三十四條之一、第三十五條至第三十七條、第四十六條、第五十條、第五十一條、第五十二條之一、第五十三條、第七十條、第七十二條、第七十四條之一及第七十五條條文。

二、暫行條例（增）修正重大議題

　　暫行條例（增）修正重大議題包括：（1）為統一事權，俾利於各項災後重建工作之行政資源整合及推展，爰增訂行政院九二一重建會具有統籌指揮中央各部會及災區各級地方政府各項災後重建工作。（2）為解決本條例適用疑義之解釋，爰增訂暫行條例適用疑義之解釋權由九二一重建會為之。（3）為解決住宅及社區重建所需用地問題，以加速民眾重建家園，建議：放寬農地興建農舍，有關建蔽率、容積率或使用性質之限制；加速非都市土地之農地變更為住宅社區使用，其審議方式與程序宜進一步簡化，以符合需要。可考量以中央與縣市聯席審議，或由九二一重建會負責審議。（4）鑑於古蹟修復工程受限於政府採購法之相關規定，致地方政府無法順利進行，擬增訂規定，排除政府採購法之相關規定限制。（5）為擴大民間參與災區相關建設，不限於「促進民間參與公共建設法」所訂定範圍，擬修正相關條文，放寬建設項目，包括家園建設或住宅，以符實際需要，增加對民間企業協助災區重建之誘因。

三、相關子法之擬修

「九二一震災重建暫行條例」部分條文修正案經立法通過、總統公布實施後，中央各有關部會（含重建委員會）應配合訂定或修正之相關子法計有二十七項，詳如表9-1。

表9-1　九二一震災重建暫行條例修正案應新、修訂相關子法一覽表

條項		訂定事項	主（協）辦機關	備註
第五條	第一項	行政院九二一震災災後重建推動委員會暫行組織規程	災後重建會修訂，報請行政院核定	
	第二項	直轄市縣（市）鄉（鎮、市）村里及社區重建推動委員會設置要點	內政部（行政院農委會、原住民委員會）	
第八條	第六項	災區土地地籍調查及測量辦法	內政部	
第十七條之一	第二項	九二一震災災區建築物安全鑑定小組設置要點	行政院工程會	
第二十條	第一項第四項	九二一震災鄉村區重建及審議作業規範	內政部	
		九二一震災農村聚落重建作業規範	行政院農委會	

條項		訂定事項	主（協）辦機關	備註
		九二一震災原住民聚落重建作業規範	行政院原住民委員會	
第二十條之一	第二項	九二一震災災區農業用地興建農舍暫行辦法	災後重建會（內政部、行政院農委會）	
第二十三條	第三項	九二一震災災區臨時住宅居民召開住戶大會作業要點	內政部擬訂，報請行政院核定	
第二十四條	第四項	九二一震災重建就業服務職業訓練及臨時工作津貼請領辦法	行政院勞委會	
	第五項	九二一震災災區災民經營勞動合作社補助辦法	行政院勞委會（災後重建會）	
第二十五條	第五項	九二一震災重建僱用災民獎勵辦法	行政院勞委會	
第二十六條	第五項	九二一地震災區未成年人財產管理及信託辦法	內政部兒童局修訂（法務部、財政部）	
第二十九條之	第一項	古蹟修復工程採購辦法	內政部民政司	

條項		訂定事項	主（協）辦機關	備註
一		災區受損歷史建築修復工程採購程序	行政院文建會	
	第二項	災區歷史建築之補助獎勵辦法	行政院文建會	
		公有歷史建築之管理維護辦法	行政院文建會	
第三十四條之一	第六項	以土地重劃區段徵收開發新社區安置九二一震災受災戶之土地處理及配售作業辦法	內政部	
第三十六條	第五項	九二一地震災區國私有土地交換作業辦法	財政部修訂，報請行政院核定	
第五十條之一	第三項	經濟部對金融機構辦理九二一震災受災企業擔保借款利息展延損失補貼作業程序	經濟部	
		交通部補貼金融機構辦理九二一震災受災觀光產業擔保借款利息展延損失作業程序	交通部觀光局	

條項		訂定事項	主（協）辦機關	備註
		補貼金融機構展延九二一震災受災營建業擔保借款利息展延損失補貼作業程序	營建署	
		行政院農業委員會補貼金融機構辦理九二一震災受災企業擔保借款利息展延損失作業程序	農委會	
		行政院衛生署對金融機構辦理九二一震災受災企業擔保借款利息展延損失補貼作業程序	衛生署	
第五十二條之一	第三項	金融機構辦理受讓九二一震災公寓大廈區分所有權人產權貸款之利息補貼額度及申辦作業程序	內政部（財政部）	

條項		訂定事項	主（協）辦機關	備註
第五十三條	第七項	九二一震災震損集合住宅原地重建融資額度利息補貼及樓地板面積抵充作業辦法	內政部（財政部）	
第七十條	第三項	九二一震災社區重建更新基金之收支、保管及運用辦法	災後重建會修訂，報請行政院核定	

　　其中與住宅及社區重建業務有關的項目佔最多，主要有災區土地地籍調查及測量辦法；災區非都市土地使用分區及使用地變更之申請程序、審議作業規範及審議小組作業辦法；災區農業用地興建農舍之資格、戶數、規模限制、申請程序及其他應遵行事項；臨時住宅住戶大會之集會及決議方式；新社區開發面積、安置受災戶土地範圍之劃設、可建築用地之指配、補償、受災戶申請配售土地及以原有建築基地抵充配售土地應繳金額等相關作業之辦法；九二一地震災區國私有土地交換作業辦法；受讓公寓大廈區分所有權人產權貸款之利息補貼額度及申辦作業程序；集合住宅以鋼骨重建融資額度、利息補貼及樓地板面積抵充作業辦法；九二一震災社區重建更新基金之收支、保管及運用辦法等。

　　與生活重建業務相關項目有：災區失業者之資格、就業服務、職業訓練、臨時工作期間、臨時工作津貼之請領條件、期間及數額；就業安定基金補助災區災民經營勞動合作社之條件、程序、項目及金額等事項之辦法；僱用災區失業者獎勵辦法及第三項所

稱無正當理由；九二一地震災區未成年人財產管理及信託辦法。
與公共建設重建有關項目有：災區受損古蹟修復工程採購程序；
災區歷史建築之補助獎勵辦法等。與產業振興有關項目則有各產
業目的事業主管機關對承貸之金融機構利息損失補貼之計算及申
辦作業程序等。

第三節　重建暫行條例修正特色分析

　　國家對於天然災害應負之責任如何，基本上有兩類主張，一
是個人自我決定型，以新自由主義為基礎，主張國家對於個人之
決定理應完全尊重；易言之，國家僅對公共財之安全性確保領域
負有義務，或對影響到公共利益之事項負有責任，至於對個人建
物之耐震度，災後生活重建、乃至未來發展事項，屬個人自我決
定範圍，國家對之並無義務，更遑論責任；其二是基於社會主義
或社會福利國家思想之國家強制義務型，此說認為國家對於個人
私領域，可以予以強權照顧，包括防災、緊急救災、生活、乃至
住宅重建、就業安置皆應全部由國家負責，但此兩說皆為極端（註
6）。

　　我國憲法國家對於大規模自然災害所產生人民生命、財產、
健康、生活之損害，並無明確規定應負何種責任，但憲法第十五
條規定：人民有生存權、工作權及財產權，應予保障，1999 年 9
月 15 日憲法增修條文第十條第八項規定：國家應重視社會救助、
福利服務、國民就業、社會保險及醫療保健等社會福利工作，對
於社會救助和國民就業等救濟性支出應優先編列。

以這次九二一大地震為例，災民短期性之救濟慰助固然應該包括在內，對於協助災民回復最低生活限度所需，乃至正常生活之救助，亦應儘量考量國家財政負擔能力予以協助。重建暫行條例修正案，即在這個基礎上提出。

第四節　重建推動組織增加災民代表決策功能

此次修正案第一個特色是增強重建組織功能及災民代表參與；為推動災後重建工作，依重建暫行條例第五條規定，在中央由行政院設置行政院九二一震災災後重建推動委員會，原重建條例對重建組織的功能限於協調、審核、推動及監督，為提昇重建會功能，修正案特增加重建會具有決策之功能，而中央重建會也增加災民代表 5 人，參與委員會運作（註 7）。

至於地方的直轄市、縣（市）、鄉（鎮、市）、村里及社區亦得設置各該地區九二一震災災後重建推動委員會，負責規劃、協調推動震災重建事項，其組織及運作由內政部會商行政院農業委員會、原住民委員會定之，但災民代表不得少於 5 人。

此一條文係政黨協商結果，行政院也已於民國 89 年 12 月 18 日修正重建推動委員會暫行組織規程，至於災民代表的遴聘方式也已經原則大致確定，根據行政院重建委員會的規劃，凡九二一震災災區之災民年滿 20 歲，且無下列四種情形之一：（1）動員勘亂時期終止後，曾犯內亂、外患罪，經判刑確定者，或通緝有案尚未結案者；（2）曾服公務有貪污行為，經判刑確定，或通緝有案尚未結案者；（3）褫奪公權尚未復權者；（4）限制行為能力者。

均得由九二一震災災區地方政府、九二一震災災區人民團體、九二一震災重建機關、其他志工團體、或九二一震災災民 10 人以上聯名之推薦，參加該會災民代表委員遴選。

第五節　降低災區重建門檻

修正案第二個特色是降低重建門檻；原重建條例關於農村社區之重建、都市更新之進行、公寓大廈之重建，均訂有得降低之重建門檻，但施行以來，各方反映難以解決複雜的重建問題，以致災民衹看到餅，卻吃不到的困境，因此，此次修正案更大幅度降低各種重建門檻，重建門檻的降低，意味著災民法令束縛的解套，也意味著政府責任的加大，主要的重點有四：

一、降低農村聚落整體開發門檻

災區可供建築之共有土地位於整體開發範圍內者，如辦理農村社區土地重劃時，原依農村社區土地重劃條例相關規定，須經徵得區內私有土地所有權人過半數，而其所有土地面積超過區內私有土地總面積半數之同意後，報經中央主管機關核定後實施。暫行條例採反面陳述方式，降低門檻。

因九二一大地震災區有很大比例屬農村聚落，台灣農村聚落的特徵是家族共居，土地保持共有，且這些建物多建於中部區域計畫發布實施之前，有許多未請領建造執造。震災造成房舍全倒，相關土地產權相當複雜，重建之路相對崎嶇，而原訂重建暫行條例第十二條僅限於祭祀公業，範圍過於狹隘，為加速辦理農村社

區土地重劃之作業，以降低災區辦理整體開發之阻力，重建暫行條例第十二條增訂第一項及第三項之規定；現行條文改列為第二項。

第一項規定災區可供建築之共有土地位於整體開發範圍內者，除於開發前共有人過半數及其應有部分合計過半數之反對外，視為同意參加整體開發。開發後之利益，仍按其應有部分分配或登記之。並增列其他公同共有土地準用現行祭祀公業土地參加整體開發之規定辦理。

二、降低都市更新門檻

如果依據住宅型態來分析，九二一大地震的受災戶約有四分之一屬於都市計畫區之集合住宅，表 9-2 顯示出九二一震災災區全倒半倒之集合住宅統計。根據統計（註 8），九二一震災共造成建築物 51778 戶全倒及 53852 戶半倒，其中集合住宅震損數量共 198 棟，總計 25643 戶，集合住宅已拆除 87 棟，已申請建造執照者約 8000 戶，比例甚少，集合住宅重建的解決方式，不外重購、重建及都市更新三種方式，如果各以三分之一的比例來估計，在 25643 戶中，約有 8000－9000 戶須辦理都市更新加以解決，因此，必須設法降低都市更新門檻。

表 9-2　九二一震災災區全半倒集合住宅統計一覽表

	全倒	（棟）	半倒	（棟）	全倒	（棟）	半倒	（棟）
縣市別	已拆	未拆	已拆	未拆	已拆	未拆	已拆	未拆
台中縣	36	8	0	16	3806	840	46	8310
台中市	16	3	1	29	1307	618	19	3917
南投縣	20	5	0	39	1411	367	0	3083
雲林縣	3	0	0	0	275	0	0	0
彰化縣	1	0	0	1	154	0	0	146
台北市	5	0	0	1	147	0	0	53
台北縣	3	2	1	6	227	164	110	449
嘉義市	1	1	0	0	26	159	0	0
合計	85	19*	2	92	7353	2148	175	15958

*表可能有爭議	日期：89.12.07 （行政院 921 重建會）

　　為了協助災民辦理都市更新，政府採取「規劃設計經費補
助」及「成立輔導組織」等措施，在規劃設計經費補助方面，
依九二一災後住宅重建輔導方案，以都市更新方式實施重建（註
9），在規劃設計及作業費用可獲得下列補助：（1）都市更新計畫
規劃費：每案最高補助 120 萬元；（2）都市更新單元甄選投資人
招標費：每案最高補助 60 萬元；（3）都市更新事業計畫規劃費：
每案最高補助 120 萬元；（4）權利變換、市地重劃計畫規劃費：
每案最高補助 120 萬元。

在成立輔導組織方面，為提供以都市更新方式辦理重建諮詢服務，營建署成立集合式住宅重建服務團，協調建築投資商業同業公會組成集合式住宅重建服務團，負責整體都市更新及集合住宅重建輔導工作，共計輔導 101 處集合住宅（註 10）。

為使都市更新單元之受災戶能儘速辦理重建，考量現行都市更新條例規定之表決門檻過高，重建條例第十七條特別修正將更新單元內土地及合法建築物所有權人之同意比例暨其土地面積及建築物樓地板面積超過二分之一以上時，得逕行擬定都市更新事業計畫，不受都市更新條例第十條及第二十二條規定之限制。依據修正條文第十七條，因震災重建而進行都市更新，得依下列規定辦理：

第一、更新地區之劃定及都市更新計畫之擬定或變更，未涉及都市計畫之擬定、變更者，得逕由直轄市、縣（市）核定，免送該管政府都市計畫委員會審議；其涉及都市計畫之擬定、變更者，得依前條第一項規定辦理，不受都市更新條例第八條規定之限制。

第二、更新單元內土地及合法建築物所有權人之人數均超過二分之一，並其所有土地面積及合法建築物總樓地板面積均超過二分之一之同意時，得逕行擬定都市更新事業計畫，免先擬具事業概要申請核准，不受都市更新條例第十條及第二十二條規定之限制。

第三、實施者已取得更新單元內全體土地及合法建築物所有權人之同意者，得免舉辦公開展覽及公聽會，不受都市更新條例第十九條第二項及第三項規定之限制。

　　第四、都市更新事業計畫擬定或變更後,辦理公開展覽之期間得縮短為 15 日,不受都市更新條例第十九條第三項規定之限制。

　　第五、以權利變換方式實施都市更新者,其權利變換計畫擬定後,辦理公開展覽之期間得縮短為 15 日,不受都市更新條例第二十九條第一項規定之限制。其權利變換計畫與都市更新事業計畫一併辦理者,亦同。

三、降低公寓大廈重建門檻

　　重建條例第十七條雖然使重建之土地使用程序解套,但仍有許多公寓大廈之原住居民散居各地,聯繫不易,各有不同的想法,如要重建必須設法降低公寓大廈的啟動門檻,重建條例特增訂公寓大廈因震災毀損而辦理原地重建或修繕補強者,得經區分所有權人二分之一以上及其區分所有權應有部分合計二分之一以上出席,召開所有權人會議,不受公寓大廈管理條例第三十一條第一項規定之限制。另因震災受損建築物安全鑑定有重大爭議者,行政院公共工程委員會及內政部應組成建築物安全鑑定小組,受理當事人或主管縣(市)政府提出之鑑定申請。其鑑定結果為最終鑑定,不得再提出異議。

四、降低同一建築基地部分建築受損之重建門檻

　　另有一種情形是同一宗建築基地內,有多幢大樓,其中部分大樓全倒,而部分大樓安全無虞之情況下,依現行法令規定,仍須經全體公寓大廈區分所有權人之表決,並達一定法定比例以上,始能進行重建,造成災民重建必須其住同一基地之非災民同

意之奇特情形，增加重建之困難度。修正案增訂十七條之二，同一建築基地上有數幢建築物，其中部分建築物因震災毀損，依本條例、都市更新條例或公寓大廈管理條例規定，辦理受損建築物之整建、維護或修繕補強時，得在不變更其他建築物區分所有權人之區分所有權及其基地所有權應有部分之情形下，以受損各該幢建築物區分所有權人之人數、區分所有權及其基地所有權應有部分為計算基礎，分別計算其應有之比例，以解決部分倒塌建築物重建之困難問題。

第六節　其他重要優正條款

一、大廈重建產權轉讓優惠條款

公寓大廈重建最大困難在於產權分散，因此修正案第三個特色，對於公寓大廈部分居民或因已經重購或其他因素不願參加重建者，可以出讓其所有之土地持分產權，以加速重建。修正案增訂條文第五十二條之一，為解決公寓大廈部分居民不願意參加重建，須出讓其產權之困難，鼓勵建商、慈善機構、公益團體、企業等承購不願意參加重建者之土地及建築物產權，增訂經金融機構核放融資貸款於該受讓人者，得由內政部對承辦該貸款之金融機構補貼利息。

二、優惠利率

修正案第四個特色是補貼優惠貸款利率；主要是先由一般銀行以優惠利率貸款給災民，再由中央銀行予以利息補貼，此一利

息補貼包括：（1）擔保債權利息補貼，（2）無擔保債權利息補貼，（3）原貸款之利息補貼，及（4）協議承受之利息補貼等四種。為利災後住宅重建，中央銀行特別從郵政儲金中提撥 1000 億元作為受災戶專案融資優惠貸款，根據中央銀行提供資料，震災專案貸款，截至 90 年 2 月 15 日止，總計申貸戶數為 25,478 戶，核准戶數 24,325 戶，核准比率 95.47%；核准金額 381 億元，平均每月約核准 28 億元，詳如表 9-3。

　　1000 億元申貸進度緩慢的主要原因，除了集合住宅受災戶意見整合不易甚少提出申貸外，災後土地有部分需經地籍重測、定界；另外受災老厝重建需辦理土地產

表 9-3　住宅貸款統計

	戶　　數			金　　額（億元）
	申請數	核貸數	核准比率	核貸金額
購屋貸款	6963	6720	96.51%	188
重建貸款	6542	6122	93.58%	120
修繕貸款	11973	11483	95.91%	72
總計	25478	24325	95.47%	381

資料來源：九二一震災災後重建委員會統計

時間：民國 90 年 2 月 15 日

權移轉、分割、繼承，以上作業程序皆須辦理完畢，始得申請重建建照，並申貸震災貸款。各金融機構依據重建暫行條例第五十三條，受理災民申請原貸款承受情形，截至 90 年元月底止，

總計申請承受戶數為 987 戶，實際核准戶數為 864 戶，實際核准金額 120,620 萬元。

為協助無法提供足額擔保品之弱勢災民與集合住宅受災戶依都市更新條例設立之都市更新團體申辦貸款，政府也核定「九二一震災災民重建家園貸款信用保證業務處理要點」，由財團法人九二一震災重建基金會捐贈專款 30 億元，以對災民提供 300 億元之信用保證，並已於 89 年 8 月開辦，目前已完成簽約辦理信保業務金融機構計 83 家，截至民國 90 年 2 月 14 日融資信用保證件數 473 件，金額為 4 億 4003 萬元。

依緊急命令第二點有關規定核貸緊急融資辦理購屋或重建貸款之災區居民，於貸款存續期間內，出售所購或重建之房屋並另購或另建住屋者，得申請更換原貸款之擔保，並繼續適用優惠貸款利率。依重建暫行條例第五十四條規定辦理利息補貼之原購屋貸款，於依緊急命令第二點相關規定之優惠貸款額度範圍內，其原購屋貸款利息與該條補貼之利息及依該優惠貸款規定應由借款人負擔之利息之差額，由社區重建更新基金補貼之。

三、獎勵容積

修正案第五個特色是容積獎勵；容積獎勵包括都市更新與耐震結構之容積獎勵兩種，增訂因獎勵容積所增加之建築高度除因飛航安全管制外，不受建築法及有關法令之建築高度規定限制。修正條文第十八條規定災區建築物因震災重建而適用都市更新條例第四十四條第一項第二款、第四款或第五款之規定者，得不超過該建築基地原建築容積之 0.3 倍，予以容積獎勵。前項因獎勵容

積所增加之建築高度除因飛航安全管制外，不受建築法及有關法令之建築高度規定限制。另集合住宅原地重建採都市更新方式重建時，為達強震區耐震規定，得由政府融資鼓勵以鋼骨為之，其增加之工程費，俟重建完成後，得由其獎勵增加之樓地板面積抵充（修正案第五十三條第五項）。

四、加速土地複丈作業

修正案第六個特色是加速斷層區錯動地帶土地複丈之進行；自 88 年 10 月 1 日起至 89 年 12 月中旬止，台中縣災區各地政事務所受理土地複丈總件數，鑑界為 8,728 件，已完成 8,489 件，累計未結件數為 239 件，完成率為 97%，分割為 3,670 件，已完成 3,368 件，累計未結件數為 302 件，完成率為 92%；南投縣災區各地政事務所受理土地複丈總件數，鑑界為 11,698 件，已完成 11,217 件，累計未結件數為 481 件，完成率為 96%，分割為 4,995 件，已完成 4,623 件，累計未結件數為 372 件，完成率為 93%。但仍有為數眾多的土地測量無法進行，九二一大地震由於屬於逆斷層（註11），地震深度最淺祇有一公里，從九份二山開始，車籠埔斷層發生上下錯動，能量最大達 8 至 9 公尺，從震央沿南北走向向外傳佈，以致震災地區土地界址與地籍圖經界嚴重移位，為考量辦理災區地籍圖重測時，界址相對位置變形之土地，大部分土地所有權人皆無法指界，亦無法參照原地籍圖套繪，此種情形非屬單純圖地不符之地籍誤謬，因此修正案第八條特增加第六項由內政部另訂災區土地地籍調查及測量辦法，以資遵循。

五、簡化行政程序

　　修正案第七個特色是簡化住宅重建的行政程序；為解決住宅及社區重建所需用地問題，加速非都市土地之農地變更為住宅社區使用，其審議方式與程序宜進一步簡化，以符合需要，爰修正由縣（市）政府為受理非都市土地使用分區及使用地變更申請及審議機關。修正條文第二十條規定，災區鄉村區、農村聚落及原住民聚落重建，應配合其風貌及居民意願，並得以土地重劃、區段徵收等方式辦理。其重建作業規定，得分別由內政部、行政院農業委員會及原住民委員會定之。配合前項重建需要，須辦理非都市土地使用分區及使用地變更時，其面積在 5 公頃以下者，應由申請人擬具相關文件，向該管縣（市）政府申請，經審查同意後據以核發許可，並辦理土地使用分區及使用地異動登記，不受區域計畫法第十五條之一、第十五條之三及農業發展條例第十條、第十二條規定之限制。

六、放寬農地興建農舍之限制

　　修正案第八個特色是放寬農地興建農舍之限制；為解決災區受災戶申請於農業用地興建農舍時，所面臨申請資格、基地規模、土地登記與戶籍登記等限制，修正案增訂第二十條之一，災區受災戶，得於不影響農業生產環境及農村發展之原則下，於農業用地興建農舍，不受農業發展條例第十八條規定之限制，以解決災區受災戶申請於農業用地興建農舍時所面臨該條所定申請資格、基地規模、土地登記與戶籍登記等限制規定之問題。至於興建農舍之資格、戶數、規模限制、申請程序及其他應遵行事項，由行

政院九二一震災災後重建推動委員會會同內政部及行政院農業委員會定之。

七、基本設施工程之補助

修正案第九個特色是補助基本設施工程費等相關經費，以減輕災民之負擔；修正案第二十一條規定，關於災區鄉村區、農村聚落及原住民聚落辦理土地重劃時，包括道路、雨水下水道與側溝、污水下水道、路燈及整地等基本設施工程費，修正明定由中央政府負擔。相關的行政業務費、規劃設計費亦由中央政府負擔，對原住民住宅重建區需改善穩定其基地坡崁及排水設施時，修正條文第二十一條之一亦規定，應由縣（市）政府主管機關辦理規劃設計並公開招標，必要時，得由原住戶自行依設計圖施工，並由中央政府補助 45%之工程費。

八、臨時住宅之保障

修正案第十個特色是關於臨時住宅之保障；增訂各級政府及公益社團於緊急命令期間提供災區居民之臨時住宅，其居住期間未經臨時住宅之住戶大會之決議同意，不得強制施行拆除或遷移。修正案第二十三條規定，各級政府及公益社團於緊急命令期間提供災區居民之臨時住宅，其居住期間以三年為限，但必要時，經縣（市）政府同意後得延長之，延長期間以一年為限。前項期間內，未經臨時住宅之住戶大會之決議同意，不得強制施行拆除或遷移。又鑑於緊急命令於 89 年 3 月 24 日施行屆滿後，有關直轄市、縣(市)政府，為安置受災戶興建之臨時住宅，所需使用公有土地，仍有繼續借用之必要，爰增訂其得辦理借用，不受國有財

產法第四十條及地方公有財產管理法令有關借用規定之限制（修正案第三十二條之一）。

九、增訂災民就業促進條款

修正案第十一個特色是增訂災民就業促進條款，包括政府於災區鄉鎮市設立生活重建服務中心，非專用人員應僱用災民（修正案第二十二條）；補助災民經營勞動合作社、訓練媒合災區失業者，發給臨時工作津貼（修正案第二十四條）；公共工程得標者，應僱用災區居民三分之一以上（修正案第二十五條）等各項就業促進條款，此三分之一條款估計可為災民帶來超過一萬個工作機會。

為安定災區失業者基本生活，並協助災民重整家園，勞委會於 89 年 10 月 2 日成立就業重建大軍，於九二一地震重建區進行各項就業重建工作，預計於一年內投注經費 28 億元，開發二萬個工作機會；另也依據九二一震災重建暫行條例規定，訂定「九二一震災重建就業服務職業訓練及臨時工作津貼請領辦法」及「九二一震災重建僱用災民獎勵辦法」，積極提供災區民眾及失業者完善之就業服務及職業訓練措施。而輔導受災失業者就業時，依輔導對象排列下列優先順序：（1）負擔家計之受災失業者，（2）受災失業者，（3）災區失業者，分別列冊建檔，俾能掌握具體輔導對象身分及人數，由逐漸遞減之失業人數彰顯就業績效。其他提升就業服務措施，包括提供就業券（註 12）、擴大舉辦徵才活動、促進就業之推廣與宣傳（註 13）、辦理災區原住民專案媒合活動、以工代賑、人力運用計畫整合方案、臨時工作津貼（註 14）、僱用

獎助津貼（註 15）與訓練生活津貼等項目。

又為協助災區民眾獲知各項就業資訊、進修管道及各項就業促進津貼申領手續，政府也編印「災後就業服務資源手冊」協助災區失業者，獲知謀職管道。

修正案增訂勞委員會得以就業安定基金補助災區災民經營勞動合作社；修正案第二十四條規定，直轄市、縣（市）勞工行政主管機關應將災區失業者資料提供當地公立就業服務機構，作為推介就業或安排參加職業訓練之依據。直轄市、縣（市）勞工行政主管機關應辦理災區失業者就業服務及職業訓練資訊之提供及媒合，協助災區失業者就業。

對於負擔家計之婦女、中高齡者、身心障礙者、原住民、生活扶助戶中有工作能力者及青少年，應訂定符合其需求之特別職業訓練及就業服務方案。災區失業者經向公立就業服務機構辦理求職登記，未能推介就業或安排參加職業訓練者，得推介至政府機構或非營利團體從事臨時性工作，並發給臨時工作津貼。

修正案第二十五條明定機關辦理災區重建工程採購之得標廠商，應將僱用該工程所需員工人數三分之一以上之災區居民定為契約內容，並送行政院勞工委員會備查，以保障災區居民就業機會。得標廠商如未依規定或約定辦理者，應依差額人數向就業安定基金專戶繳納代金，作為促進災區居民就業之用。

十、古蹟修復條款

條正案第十二項特色是增訂有關災區地方政府辦理因震災受損之古蹟及歷史建築之重建修復工程，其採購程序分別由內政部

及行政院文化建設委員會定之，不受政府採購法之限制，以加速進行災區古蹟及歷史建築之重建修復工作（修正案第二十九條之一）。

十一、鼓勵地方政府安置災民

修正案第十三項特色是鼓勵地方政府安置災民，特增訂為安置受災戶以土地重劃或區段徵收方式開發新社區時，直轄市、縣（市）政府應於計畫區內依實際需要集中設置安置受災戶所需之土地範圍，其可供建築使用面積以該開發區可建築用地面積之50%為限，不受平均地權條例、土地徵收條例、農村社區土地重劃條例及其相關法規規定發還原土地所有權人土地面積比例及按原位次、原街廓分配之限制，另就因提供安置受災戶使用之可建築用地，致原上地所有權人分配之土地低於原依現行法規規定應配得之土地部分，直轄市、縣（市）政府應依開發後評議地價補償之，以確實達到安置受災戶之目的。（修正案增訂第三十四條之一）

十二、促進災區產業復甦

修正案第十四項特色是促進災民產業復甦，鑒於災區產業因震災受創甚鉅，亟待政府援助，為使災區產業得早日恢復產銷機能，爰增訂金融機構對產業原有廠房、營業場所及生產設備因震災毀損，經各該產業目的事業主管機關出具受損證明文件者，於震災前已辦理之擔保借款，其利息經合意展延時，得由各產業目的事業主管機關對承貸之金融機構於利息展延期間之損失予以補貼（修正案第五十條之一）。

十三、土石流之緊急防治

修正案第十五項特色是土石流之緊急防治,增列災區土地有發生崩坍、地滑或土石流之虞,須實施水土保持處理工程者,中央政府機關得徵用私有土地或土地改良物,並明定其徵用補償費之計算方式及未能回復為徵用前之使用者,得依法徵收或補償之規定(修正案第六十六條)。

十四、以地易地

<以地易地>是指在某種情況下,個人可以私有建築用地交換鄰近之公有之非公共建築用地而言,九二一震災重建暫行條例規定有三種情形可以<以地易地>,一是位於斷層帶破裂區私有建築用地經變更為非建築用地者;二是因震災致土地無法為原來之使用,或面積減少達百分之十以上;三是公寓大廈因震災毀損致居民死亡者。第一種情形規定於重建條例第三十六條,災區原已建築使用之私有建築用地經變更為非建築用地,無法以市地重劃、區段徵收、都市更新或其他方式辦理重建,且災後未獲配住國民住宅或其他政府所興建之住宅,得申請與鄰近非公用建築用地辦理交換;第二種情形規定於重建條例第三十三條之一,因震災發生土地擠壓變形,致土地無法為原來之使用,或面積減少達10%以上土地所有權得向政府申請參加土地重劃或區段徵收,其因震災而減少之土地面積得由計畫範圍之未登記土地及公有土地抵充;第三種情形規定於震災暫行條例第三十七條,公寓大廈因震災毀損致居民死亡者,於其建築基地,無法以市地重劃、區段徵收、都市更新或其他方式辦理重建,且災後未獲配住國民住宅或

其他政府所興建之住宅，得申請與鄰近非公用建築用地辦理交換。原條例規定法意，係災民主動、政府被動，修正案則增列＜政府應協助完成＞；原條例規定 5 層樓以上之公寓大廈且 5 人死亡以上才能申請＜以地易地＞，修正條文則予以放寬只要是公寓大廈且居民死亡者即可申請＜以地易地＞。

十五、特別預算

修正案第十七項特色是明訂定重建所需經費額度，明訂中華民國 90 年度災區復建所需經費新臺幣 1000 億元，應循特別預算程序辦理，不受預算法及公共債務法之限制。其後不足部分，應循年度預算程序辦理，但重建總經費不得低於新臺幣 2000 億元（修正案第六十九條）。

十六、災民訴訟之協助

修正案最後一項特色是協助災民訴訟，包括增訂債權人（災區居民）聲請強制執行者，免繳執行費（修正案第七十二條）；訴訟所需鑑定費用，應由災民先行繳納者，由社區重建基金先行墊支（修正案第七十三條）；及各級政府應協助受災戶進行民事或刑事訴訟（條正案第七十三條之一）。

此外增訂二十條之二，對於災區原有建地，因提供政府興建公共設施，致剩餘建地畸零狹小重建困難，得經目的事業主管機關同意申請將用比鄰土地變更編定為建築用地，以利重建。又為求周延，修正案第二十六條詳細規範災區父母因震災死亡，未成年人之保護及保障條款。

第七節　重建條例修正的反省

　　重建條例修正案作為國家資源分配于重建之法律基礎，其中包括兩層問題，第一是國家資源究竟應分配多少比例於災區重建，第二是重建資源究竟應如何分配於災區重建及災區生活基盤的回復。關於第一項，九二一大地震發生後，我們可以看到的資源包括：蕭內閣時期的 1061 億追加預算、90 年度的 1000 億特別預算、未來 91 年度以後的 1000 億一般預算、中央銀行 1000 億住宅貸款準備、500 億的工商貸款基金、超過 326 億的民間捐款，其資源之投入不能說少；關於第二項，重建條例第十七條之一、二十一條、二十一條之一、二十四條、二十九條之一、三十四條之一、五十條之一、五十二條之一、五十三條、六十六條、七十條均分別規定可予以補助、補貼、獎助或融資之事項，不能說不周延，而重建暫行條例第七十條對於社區重建更新基金之分配，亦已有原則性規定，所慮者，其分配原則是自治式的分配，還是中央權威式的分配？是以生活基盤回復能力強弱為基準的正義式分配，還是齊頭式的形式公平分配？公共領域與私密領域，因重建條例的修正而變得模糊之際，會不會造成居民的過度期待與過度依賴心理，未來在重建逐漸完成之時，會不會形成另一個頭痛課題？而法規的鬆綁，意味者公務員責任的加大，會不會因增加公務員的法律風險，而造成推諉塞責？凡此種種，正考驗著執政者的政治判斷與政治智慧。因此，值此重建暫行條例已經修正完成，各項子法大備之際，以下幾點野人獻曝，也許值得思考（註 16）：

　　第一、重建各項優惠補貼宜有合理上限。

第二、災民身分宜因重建逐步完成而回歸國民身分。

第三、政府進行重建應以公共領域為主，私密領域介入應該審慎。

第四、重建政策應由管制性、分配性政策，逐漸導向管理性與自發性政策。

第五、重建成敗不能過度依賴重建會功能。

第六、利用此次機會，完整建立相關資料庫檔案。

精省之後，分權化的行政體系，必然更加分權化，美國 FEMA 的治理共享（Shared Governance, 註 17）的管理模式，也許值得我們學習。這種治理共享的管理模式，包括決策權力與資源的分享、包括計畫設計與責任的分攤，重建成功的關鍵，必然是建立四個合作基礎之上：中央部會的相互合作、中央與地方的相互合作、政府與民間團隊的相互合作以及朝野政黨的相互合作。

註釋：

1. 總統民國 88 年 9 月 25 日華總一義字第 8800228440 號令發布緊急命令，共有 12 條文，明定施行期間自發布日起至民國 89 年 3 月 24 日；行政院民國 88 年 10 月 22 日台 88 規第 39077 號令發布緊急命令執行要點共 14 點。

2. 民國 92 年元月，立法院第三度修正《九二一震災重建暫行條例》，於第七十五條增訂第二項，規定條例施行期限，於到期前經立法

院同意,得再延長一年。

3. 請參考以下立法院公報,一讀會:第 89 卷 53 期 3112 號、89 卷 57 期 3116 號、89 卷 59 期 3118 號,委員會審查:89 卷 58 期 3117 號、89 卷 60 期 3119 號,廣泛討論:89 卷 58 期 3117 號、89 卷 60 期 3119 號;二讀會逐條討論:89 卷 61 期 3120 號,三讀會:89 卷 62 期 3121 號。

4. 例如「九二一震災鄉村區、農村聚落及原住民聚落重建作業規範」,遲至民國 89 年 9 月 18 日才公告實施。

5. 參見九二一震災災後重建委員會編印:災後重建重大政策宣示系列(一):民國 89 年 9 月。

6. 參見蔡秀卿災害救助與給付行政。載於行政救濟、行政處罰、地方立法論文集(台北:台灣行政法學會主編 415 頁,2000 年 12 月)

7. 依條例第五條規定,中央重建委員會係以行政院院長為召集人,召集中央相關部會、災區地方政府代表,並設有災民代表在內,此次修正案,在野黨立委提出應有災民代表若干人,後經政黨協商,明定災民代表不得少於 5 人,其組織及運作由行政院定之。

8. 參見九二一震災重建統計彙編 22 頁(南投,行政院九二一震災災後重建推動委員會)民國 89 年 9 月。

9. 都市更新主要辦理步驟包括,更新申請、核准籌組、召開大會、申請立案、核准立案、擬定權利變換計畫及都市更新事業計畫、協議金融機構承受房貸及申請融資等。由於相關法令與程序繁瑣,需要透過住戶、專業服務團隊與政府機構密切合作,方足以

推動。

10. 目前災區都市更新辦理情形：在台中市的情況，台中市各集合住宅辦理更新重建計畫輔導者，共 17 處，目前已有中興大樓、德昌新世界、文心大三元等 3 處開始申辦都市更新；在台中縣的部分，台中縣重建綱要計畫提列辦理都市更新的社區共 56 處，其中已有東勢名流世家、霧峰太子吉第等 35 處集合大樓送件申辦都市更新事宜，另有東勢東安里本街及石岡鄉井仔腳社區以街區方式申辦都市更新；至於在南投縣的情況，南投縣目前由縣府依重建綱要計畫已公告 26 處都市更新地區，均屬以街區更新方式辦理，如國姓老街、中寮永平老街等共劃設為 77 處更新單元，面積共計 43.82 公頃，魚池鄉五爺城社區居民亦擬以更新方式辦理街區更新重建；另外集合住宅以都市更新辦理重建者，目前有草屯水稻之歌七期及民間上毅世家二案已確定以都市更新方式辦理，其中水稻之歌七期更新會籌備事宜業獲准籌設。

11. 當大地震發生時，發生地盤岩層斷裂或錯動現象，在地表上可見的大規範上下位置錯動或水平方向錯開的相對運動稱為斷層，又有水平方向左右移動的平移斷層，地殼受到張力上下拉裂岩層的正斷層及地殼受到兩側推擠壓力而造成上盤上向移昇的逆斷層三種。請參見劉還月：台灣大地震斷層現象實錄（台北：常民文化）1999 年 11 月。及牛頓公司主編：巨大地震（台北：牛頓出版公司）1999 年 11 月。

12. 其提供就業券的目的，是在提高雇主僱用意願，災區失業者若欲再就業，可至當地公立就業服務機構領取就業券，若獲雇用，可將就業券交予雇主，雇主將可依規定申請僱用獎助津貼，以鼓勵

雇主提供災區失業者就業機會。

13. 為促進就業的推廣與宣傳，勞委會於埔里、名間、東勢、新社等鄉鎮九地區設置求職求才單一窗口服務站，以加強就業服務及職業訓練的推廣及宣傳，截至 89 年 11 月底止，計受理求職登記人數 7,727 人，求才登記人數 5,402 人，輔導就業人數 2,715 人。

14. 以工代賑措施於 88 年 10 月 31 日截止受理申請，經審核符合請領條件者 52,438 人，派工 123,086 人次；臨時工作津貼措施，截至 89 年 11 月底，計有災區失業者 8,134 人申請，推介派工 4,400 人，核發 2 億 3500 餘萬元；辦理災區原住民媒合活動，登記求職人數有 423 人，經推介就業 296 人，實際就業 60 人；其後也將原「以工代賑」與「臨時工作津貼」二種措施整合簡併為「九二一大地震受災失業者以工代賑實施要點」，自 88 年 11 月 1 日公告實施後，計有 33 個鄉鎮市區公所提出以工代賑人力運用計畫，申請人數 12,708 人，預撥經費 3 億 7400 餘萬元，已核銷 3 億 1300 餘萬元。

15. 僱用獎勵津貼措施，截至 89 年 11 月底止，計有 19 家廠商申請僱用獎助津貼，僱用災區失業者 422 人次；訓練生活津貼措施，截至 89 年 11 月底止，計有 798 人提出申請，核發金額 2600 餘萬元。

16. 請參考鍾起岱（2001）：集集大地震災後重建之鑰：論九二一災後重建條例的啟動與修正。空中大學行政學報。民國 90 年 8 月。

17. 請參考丘昌泰、陳淑君（1993）：當代公共行政新挑戰：災變管理的理論與實際（載於行政管理論文選集第七輯；銓敘部主編，民國 82 年 5 月。）

第十章　九二一重建相關課題與對策

第一節　重建相關課題概說

　　台灣的九二一重建工作，基本上是依循美日兩國的重建路線，包括 1989 年的舊金山地震、1994 年的洛杉磯地震與 1995 年的阪神地震，政府主要負責公共工程的重建，民間住宅則採取優惠貸款協助，而優惠的條款可能是選舉的原因，其優惠條件比美日等先進國家還要好，包括貸款 150 萬免息，200 萬額度的 3%利息，全倒戶原有本息延展五年；半倒戶原有本金延展五年、利息延展一年半等等，但雖然有世界級的優惠條款，在震災處理方面，仍有諸多問題；例如九二一重建會前執行長黃榮村在接受訪問時說，重建處理問題包括：（1）有錢難使民怨解，民宅重建問題多；（2）集合住宅難有共識；（3）土地權屬不清；（4）重建工作爭議多等等；柯鄉黨生在擔任副執行長時，接受訪問中指出，住宅重建的困境包括：（1）土地問題難解套；（2）集合住宅重建協調難；（3）重建資金及貸款不易解決；（4）都市更新難達共識；（5）土石流遷村困難；（6）特別預算編列急重建壓力大等等（註 1）。本章試著由民間捐款及運用、天然災害之救助、重建區建築管理、古蹟及歷史建築重建、土地重測及開發等課題來探討。

第二節　民間捐款及運用

一、民間捐款

　　九二一地震發生時，政府各單位及民間企業紛紛自動捐輸，內政部除開會說明及發佈新聞請受款單位先向內政部辦理其所開立賑災捐款專戶之報備事項外，對於接受捐款交由政府統籌運用者，直接以政府單位掣給之捐款單據予以報結，至於接受捐款且擬自行運用者，內政部則已請其依照「統一捐募運動辦法」之相關規定輔導辦理。

　　據統計（註2）政府機關設立之捐款專戶計108個，民間募款團體設立者有235個，合計343個帳戶，其捐款總金額總計新台幣328億餘元，包括政府機關部分：（1）行政院與中央各部會計77億餘元，（2）內政部計61億餘元，（3）地方政府計75億餘元及民間募款團體計114億餘元。

二、民間捐款之運用

　　行政院及內政部九二一賑災專戶，另撥交「財團法人九二一震災重建基金會」之捐款計新台幣138億餘元（不含利息6億餘元）。民間募款團體部分計募得新台幣計114億餘元（扣除轉捐政府機關及民間團體互捐間部分），屬自行運用。行政院成立之「財團法人九二一震災重建基金會」，係由社會公信人士、公益團體及政府相關部門人員（含受災縣市政府代表）擔任董監事，依據該會章程其捐款用途使用於下列各項：（1）災民安置生活醫療及教育扶助事項；（2）協助失依兒童及少年撫育事項；（3）協助身心障礙者及失依老人之安（養）護事項；（4）協助社區重建之社會與心理建設事項；（5）協助社區及住宅重建之相關事項；（5）協

助成立救難隊及組訓事項；（6）協助重建計畫之調查、研究及規劃事項；（7）關於重建紀錄及出版事項；（8）與協助賑災及重建有關事項。

同時，為妥善管理及有效運用九二一賑災捐款，該基金會訂有「財團法人九二一震災重建基金會基金及經費管理運用辦法」據以執行，另為有效結合民間力量投入災後重建，明確規範補助經費核定程序，執行績效之後續追蹤，並於該會第一屆第六次董監事聯席會會議修正該辦法部分條文，嗣後係依據各該重建之需要分別訂定補助審議、稽核等相關作業要點併提報董事會核定，至 90 年 7 月 25 日止已核定補助 109 億 7643 萬餘元整，已撥出金額 46 億 1231 萬餘元整，未撥款部分因計畫尚未執行完畢，另尚未動支之 19 億餘元，除持續推動「築巢專案」，協助或補助弱勢者重建家屋，以及協助受損大樓進行修繕補強外，並研擬推出「互助台灣」專案建構台灣防災網絡及協助重建區地方政府擴充社福設施。

三、民間捐款之查核

內政部為瞭解受災縣（市）政府及民間團體九二一賑災捐款數額及物資運用情形及流向，經組成查核小組於 89 年 9 月 6 日起至 16 日止，對受災縣（市）政府就捐款流向進一步監督查核，對於查核結果，就須檢討改進事項函請縣市政府限期改善。並函請受災縣市政府對接受九二一賑災捐款所設立之管理委員會及基金會，其委員或董監事宜將具代表性之災民納入考量，俾能反映災民需求，將有限資源運用在最迫切需要之重要項目及緊急安置工

作。同時規定九二一賑災捐款，應運用於能使災民能直接受益之生活、居住、醫療、就業等相關項目，至非屬救災有關之活動（如：出國考察、休閒旅遊等）不得支用。

至於捐款所剩餘額限期繳交中央，由財團法人九二一重建基金會統籌運用或災區縣市政府（鄉、鎮、市公所）規劃使用。同時在內政部設置捐款查詢之單一入口網站，俾與各地方政府、民間團體之網站連結，以供查詢，使九二一賑災捐款使用計畫及運用情形皆能公開化，透明化昭信於社會。而為確實瞭解九二一震災民間團體賑災捐款數額、使用情形及流向，以昭公信，內政部曾委託會計師方式分年進行實地查核工作。

四、現有法規之修正

現行《統一捐募運動辦法》係民國 31 年 5 月 2 日行政院發布並於 42 年 5 月 14 日修正發布之法規，條文僅 10 條，用以輔導與規範捐募運動，因該辦法係以行政命令定之，又無罰則，並無強制力，造成主管機關輔導管理之困難。有鑑於此，內政部於 81 年 9 月修正＜統一捐募運動辦法＞，行政院於 88 年 6 月 3 日指示＜宜制定有關捐募管理之法律＞，為使勸募管理法制化並具正當性與強制力，內政部衡酌實際需要與參採相關機關意見後，數次召開研修會議，擬定＜勸募管理條例＞草案，於 88 年 12 月 21 日函報行政院審查，行政院經召開三次協商會議及二次審查會議，並於 89 年 9 月 29 日以台 89 內字第 28511 號函送立法院審議。

該條例草案將勸募管理方式分為備查、登記及許可三級制；進行勸募時應出示主管機關勸募許可證（或勸募登記字號）及勸

募團體工作證，勸募團體接收捐贈應開立收據，勸募所得超過五百萬元者，應經會計師簽證，勸募所得收支情形及捐款使用情形應公開徵信，並訂有違反規定之罰則，該條例草案通過施行後，當有助於建立勸募公開透明制度。

第三節　天然災害之救助

為因應災害防救法於 89 年 7 月 19 日公布，有關天然災害救助措施，諸如救急原則、救災物資之調度、支援及救災物流機制之建立，基本上採行下列措施：

（一）協調中華民國紅十字會總會建立救災物資物流資源及備災中心機制；依據災害防救法請直轄市、縣（市）及鄉（鎮、市、區）公所依災害防救基本計畫及地區災害潛勢特性擬訂地區災害防救計畫。

（二）編印社會救助團體資源手冊，舉辦救災物流系統講習，以期強化救災之預防工作。

（三）輔導中華民國紅十字會總會協助直轄市及各縣（市）

必須之物資及設備救助災民。

（四）建立之救災物資物流資源及備災中心機制，主動協調各分支會建構其所轄救災物資物流委託計畫，以利發生天然災害時用資調度。

（五）加強直轄市、縣（市）及鄉（鎮、市、區）公所對於

救災物流系統之專業知能，定期舉辦社會救助業務工作人員研習班。

（六）為因應重大天然災害救災物資之輸送作業方式，有效調節救濟物資供需，內政部也訂有「救災物資調節作業規定」，重點包括：國內、國外捐贈救災物資，政府、民間備災物資之分工；建構救災物資物流機制之作法及國內、國外捐贈救災物資暨進口救災物資之調節作業方式；救災物資之輸送作業方式。

而隨著重建腳步的逐漸完成，重建區卻仍然存在著弱勢族群，這些弱勢族群，通常是因年齡、生理及心理條件，使得在遭遇特殊事故時，由於社會與經濟條件相對處於不利狀況，自己無力進行改善，而需藉住外力加以協助，這些問題，包括：無依老人照護問題、失親兒童創傷問題、身心障礙者就學、就醫、就養、就業問題、長期失業問題、創傷後壓力問題、原住民生活權問題等等，均急待解決。面對這些問題，政府除了於重建區普設生活重建服務中心之外（註 3），基本上採取個案管理（Case management）的方法來進行追蹤、輔導（註4），未來行政院九二一重建會完成階段性任務後，回歸常軌之際，如何銜接，必須早日籌畫，未雨綢繆。

第四節　重建區建築管理

九二一震災發生後，住宅重建課題，一直是最重要也是最難以圓滿解決的課題，除了政府的九二一特別預算有大半是用於解決住宅重建問題外，九二一基金會，也陸續推動了《協助受災住

宅集合住宅更新重建方案》、《協助受損集合住宅擬定修繕補強計畫方案》、《九二一災區家屋再造方案》、《九二一災區 333 融資造屋方案》、《臨門方案》、《築巢專案》等方案，幫助災民從住宅重建中站起來，從大地震發生後至 2000 年 10 月，透過基金會協助的有：住宅與社區有 80 處、集合住宅 71 處、受益災戶有 7993 戶（註 5）。

　　此外，已判全倒的災戶，後因種種原因改判半倒，或已判半倒後又改判全倒，涉及的有關相關優惠條件隨而變動，政府雖然採取有利災民的寬鬆措施，其相關的爭議處理機制及配套措施，也必須妥善處理。

　　面對住宅重建的困難，許多學者也陸續提出一些主張，如東海大學陳覺惠教授（2000）的《受災大樓社區重建的一些議題與構想》、民間團隊馮小非（2000）等人的《新政府、請努力請用功》等，而新政府也於 2000 年 11 月完成重建暫行條例的第一次修正案，基本上解決了想要重建者重建門檻的大部分問題；而不願重建者權益如何確保？如何退出重建機制，新政府的九二一重建委員會已於 2001 年春天將第三次的重建暫行條例修正案送進立法院，2003 年 1 月第三次的重建暫行條例修正案，好不容易經立法院三讀通過，這樣的成效雖然差強人意，但重建區建築管理仍有下列課題。

一、加強建築師及專業技師之管理

　　為落實重建區民間建築管理，對建築、營造等相關法令制度，應加檢討使適時宜，並加強對建築師及專業技師之管理，內容包括：

（1）釐定開業建築師之執業範圍及責任，建築師法（註6）有明文規定；如有違反前揭規定之情事，可依同法第四十六條規定懲戒之。對執行設計、監造業務有違失情形之建築師，亦有懲戒之規定。

（2）加強建築師之管理，提高建築專業設計品質，推動行政與技術分立制度，加速建造執照及雜項執照審核時效，內政部也訂有「建造執照及雜項執照規定項目審查及簽證項目抽查作業要點」，明定主管建築機關審查之規定項目，其餘項目由建築師及專業工業技師簽證負責；建築師或專業工業技師簽證項目，經抽查有違反建築師法或技師法規定者，應分別依建築師法或技師法有關規定移送懲戒。

（3）加強察查建築師是否允諾他人假借其名義執行業務，主管建築機關對於建造執照及雜項執照之簽證項目，應視實際需要按規定比列適時抽查，被抽查之建築師，應親自到場說明。

（4）建築師公會為查証建築師是否允諾他人假借其名義執行業務，得函請直轄市縣市政府協助洽請內政部出入境管理局，提供該建築師之出入境資料，如發現異常，立即移送主管機關依相關規定查處。

（5）請中華民國建築投資商業同業公會全國聯合會轉知所屬會員，有關建築物之設計監造應確實委由開業建築師辦理，並直接與開業建築師接洽辦理委辦事宜，以配合落實建築師不得允諾他人假借其名義執行業務之規定。

二、提昇建築設計品質

（1）避免建築技術法令變動過於頻繁，造成申請建築案件法令適用上的困擾，自 87 年起，建築技術規則修正條文規定於每年元月 1 日實施，內政部亦賡續辦理建築法令講習，以促使建築相關從業人員對於建管法令之深入了解。

（2）為配合簽證制度之推動，落實行政與技術分立原則，營建署亦蒐集、歸納及重新整理歷年來之建築管理解釋函令，彙集成冊，提供各級建管行政機關及民間建築投資業與建築師執行業務之參考，達成建築管理法令資訊透明化之目標。

（3）由內政部督導直轄市、縣市主管建築機關除確實執行建造執照與雜項執照抽查之規定外，對於簽證不實案件，應配合加強建築師或技師之懲處管理，以提昇建築師、技師之設計品質。

（4）為藉定期換照加強建築師之管理、汰換不適者，並配合建築科技進步與建築法令之修正，及提昇建築師專業知能，研擬建築師法修正草案，增訂定期換發建築師證書之規定。

（5）應加強先進建築方法之研究，包括：加勁鋼管混凝土構材之強度及韌性行為、鋼管混凝土結構柱接頭耐震之研究、現有重大公共設備，如變電所之結構耐震評估（註 7），以作為未來設計之參考。

三、研修建築技術規則

針對九二一集集地震建築物受損原因檢討現行建築技術規則耐震設計相關規定，由內政部業邀集相關專家學者、公會代表等

集思廣益，並參酌美、日等地處地震帶國家之相關建築法規，研修建築技術規則，內容包括：

（1）提高建築物之耐震能力，並考量九二一集集地震台灣地區各地之震度，內政部已於 88 年 12 月 29 日以台 88 內營字第 8878473 號函修正建築技術規則建築物耐震設計規範與解說，修正內容包括調整台灣地區震區劃分並修正震區水平加速度係數，由原本四區修正為二區，及修正台北盆地正規化加速度反應譜係數，以提昇新建築物結構系統的耐震品質，達到防災的目的。

（2）為避免大口徑之配管埋設於混凝土構造柱內致減少有效斷面積，及不合理之柱梁斷面設計，影響混凝土構造安全，內政部業於 89 年 8 月 7 日以台 89 內營字第 8984222 號令修正建築技術規則建築構造編相關條文，增訂有關混凝土構造柱內埋設物尺寸限制及增訂最小柱梁寬度之規定。

（3）為提昇混凝土構造之設計技術及施工品質，內政部已研修建築技術規則建築構造編混凝土構造部分修正條文及其設計、施工規範及解說。

（4）提昇建築物耐震工程技術，藉隔震消能系統降低地震對建築物之危害，內政部亦邀集相關專家學者組成專案小組，積極審議「建築物隔震消能系統規範」草案條文及解說。

（5）為提升加強磚造建築物之設計技術及施工品質，與規範建築設備之耐震行為，營建築研究所亦參考國內外相關法規，及檢討九二一集集地震建築物破壞情形，研擬加強磚造之設計及施工規範與建築設備耐震規範。

（6）為評估土壤液化之潛在性，除加強蒐集國際上有關液化研究之物理模型試驗資料，並加速進行大地工程與土壤基本物理性質實驗（註8）外，避免建築物於發生地震時因土壤液化受損或倒塌，研修建築技術規則建築構造編，將基地地層之液化潛能分析納入地基調查調查報告之內容。

（7）為落實執行「建築物結構與設備專業工程技師簽證規則」第八條第一項有關專業技師執行業務行為所為之簽證紀錄辦理申報之規定。

四、落實營造業管理

有鑑於九二一及一○二二兩次大地震，造成建築物、公共設施之嚴重損失及民眾傷亡慘重，也暴露出國內施工品質及營造廠商、專任工程人員租借牌照問題之嚴重。有研擬一長期性、全面性之改善執行方案，就法令面、制度面及執行面逐年逐步檢討、修正及執行，杜絕營造廠商、專任工程人員租借牌照及落實施工管理，建立純正之社會風氣，提昇整體營建品質。

現行營造業之管理均依據營造業管理規則之規定辦理，各直轄市、縣市於受理營造業申辦相關業務及辦理施工勘驗均依相關規定辦理查核，惟行政程序之合法並不表示營造業無租借牌照之情事。

為杜絕營造業及其專任工程人員之租借牌照，行政院於89年11月核定「加強營造業之管理方案」，重點包括：隨時與稅捐稽徵機關、國稅局、健保局及入出境管理局保持聯繫，定期透過相關資料之勾稽，查核營造廠商與專任工程人員之營運及受聘情形，

如發現有異常之情形，立即移送營造業懲戒委員會處理，另平時如有調查單位、稅捐稽徵機關或國稅局等相關單位移送涉借牌等情事違反營造業管理規則相關規定之案件，亦一併依法查處。

落實施工勘驗之執行，藉由確實執行施工中之各項查驗工作，要求專任工程人員到場說明，並查核專任工程人員之出勤狀況；並加強督導營造業者建立健全之品管制度，並落實技術士證照制度，促進營造業良性發展，提升管理、技術水準，以確保工程品質，內政部訂有優良營造業評選及獎勵辦法，針對參選營造業之工程成效、經營財務狀況、管理制度及研究發展等層面進行評選。自 82 年起辦理，期藉此激勵營造業者相互觀摩學習，重視自我提升，進而達到確保人民生命財產安全及改善生活環境品質之目的。

鑒於甲等綜合營造業承攬金額為營造業之最高，影響國內營造工程品質甚鉅，內政部已針對甲等綜合營造業之工程施工品質、實績、財務狀況及組織規模等相關事項作一審查。又建築法第五十六條、第五十八條規定雖有「建築工程中必須勘驗部分，應由直轄市、縣（市）（局）主管建築機關於核定建築計畫時，指定由承造人會同監造人按時申報後，方得繼續施工」，其中必須勘驗部分，係屬建築物之承造人或起造人或監造人之權責，主關機關得隨時勘驗之，惟現行多數縣市均因建管人力不足，致無法落實施工中之勘驗。內政部為加強施工管理，特於 89 年 4 月，針對 25 個直轄市、縣市政府，執行建管業務督導。

五、加強違章建築管理

　　杜絕於頂樓增建等違章建築行為：依違章建築處理辦法規定，有關違建事實之認定及拆除係地方主管機關之權責；內政部為提昇公寓大廈環境品質及維護公共安全、遏止違建，於 88 年 8 月 20 日函各地方政府，有關公寓大廈之違章建築如違反公寓大廈管理條例規定者，經管理負責人或管理委員會報請處理時，主管機關應優先予以罰緩，並責成回復原狀。

　　內政部已訂定「內政部處理違章建築督導考核組設置要點」，並設置內政部處理違章建築督導考核組及委員派兼，辦理直轄市、縣（市）政府之違章建築年度考核、平時考核及專案考核業務。

　　為減少違章建築之處理因查報作業之延宕而致遲遲無法處理之情形，內政部已督促知各直轄市、縣(市)主管建築機關，對於違章建築之處理，於經檢舉或其他情事知有違建事實，毋需經鄉(鎮、市、區)公所之查報程序，應逕依法執行勘查、認定等工作。

　　為加強地方主管機關執行違章建築之查報、認定及拆除工作，對於新建之違章建築，應依建築法及違章建築處理辦法之規定，落實執行違章建築之查報、拆除工作。至於既存違建之拆除，地方主管機關應依該縣（市）違建現況自定違章建築取締措施，確實依法執行違建拆除作業，地方主管機關並可向建築物所有權人收取拆除費用，對於違建強制拆除後之重建，亦應落實移送法辦。

第五節　古蹟及歷史建築重建

　　九二一大地震對於國人生命財產造成極大傷害，災區內之文

化資產也遭受重大損害,目前全台經政府指定公告之古蹟計有490處(註9),其中在震災中毀損之古蹟共有83處,震災過後,針對受損古蹟予以緊急搶修,包括有傾倒之虞者,施作支撐加固,屋頂破漏者,則加以搭設雨棚,以保護結構;期後並於九二一震災社區重建更新基金中編列 14 億餘萬元,辦理相關修復工程(註10),具體的做法包括:

一、專款補助古蹟修復

有關九二一震災受損古蹟修復,行政院核定專款補助災區受損古蹟辦理第一階段緊急搶修及第二階段修復經費,共計二億四千萬元,目前有關震災受損古蹟緊急加固支撐處理均已有妥適處理;震災受損古蹟規劃設計案件發包率已達100%,工程發包率已達86%,已完工古蹟共計19處,包括台中縣5處、彰化縣9處、南投縣2處、台中市2處、嘉義市1處;已完成發包(工程進行中)共計16處,包括彰化縣5處、南投縣6處、台中市2處、嘉義市2處、雲林縣1處。有關古蹟復建計畫共計48處,13億餘元,包括震災受損的古蹟或嚴重損壞的古蹟、震災後第一階段已完成緊急支撐或完成搭建保護棚架的古蹟及年度已完成準備,可立即執行工程發包或委託設計的古蹟為確定執行項目之優先考量。

二、古蹟修復之特殊性

震災古蹟修復程序包括:緊急加固處理、調查研究、規劃設計、審查、發包施工、驗收、完工結案等程序,有其特殊性,不像一般新建工程,古蹟修復往往必須先經過調查研究(含歷史考證),並據以提出修復計畫或建議後,才進行細部設計、審查、發

包、施工等程序。其於審查過程中，可能必須一再修正，直到審查通過為止，始得進行後續工程招標與施工等程序。其與新建工程之辦理流程差異甚巨，實緣於古蹟修復必須忠於原貌、原工法、原材料之「特殊性」，另施作過程中不容有任何步驟失誤，故每一步驟環節均必須很審慎，所以進度相對較慢。

為因應古蹟修復工程之特殊性，文化資產保存法中特增訂第三十條之一第一項規定「古蹟之修復由政府機關辦理時，其修復工程應視為特殊採購。其採購程序由中央主管機關訂定之，不受政府採購法限制」。為辦理震災受損古蹟修復業務，行政院並召開＜九二一震災古蹟及歷史建築修護保存工作推動協商會＞，組成九二一震災受損古蹟修復專案輔導小組，提供災區縣市政府對於因震災受損古蹟行政執行層面等協助輔導及提供諮詢。

第六節　重建區土地重測與開發

一、土地重測

九二一震災後，災區部分土地發生隆起、扭曲、地裂、錯開等嚴重變形或移位，土地界址與地籍圖經界線確有產生偏移情事，對於九二一震災地區亟待辦理重測約 10 萬餘筆土地，已督同所屬土地測量局、有關縣市政府，並協調聯勤測量署、臺北市及高雄市政府地政處派員支援，依據九二一震災重建暫行條例第八條等有關法令規定，辦理完成苗栗縣、臺中縣、南投縣、彰化縣等 4 縣 13 個鄉鎮市轄區內面積 10,925 公頃，筆數 118,639 筆土地地籍圖重測工作。

有關震災地區尚待辦理重測地區，經統計有面積 6,080 公頃，筆數 73,292 筆土地，經考量優先次序、人力及經費額度等因素，內政部並於 90 年度下半年辦理面積臺中縣、南投縣及彰化縣等 5 個鄉鎮轄區內面積 559 公頃，筆數 13,252 筆土地重測工作，至其餘地區則列為 91 年度賡續辦理。

二、農村社區開發

九二一地震造成中部縣市嚴重之損害，此次配合災區重建需要，對於非都市土地使用編定為鄉村區、農村聚落及原住民聚落，透過「農村社區土地重劃」方式，將其重新分配至可建築之土地並增設公共設施以改善生活環境，並針對農業生產與農村居住環境的關聯性，作全盤的統籌規劃，短期以施設基本公共設施，使災民能早日展開家園重建工作為目標，長期發展則可結合產業，人口與文化的導入，兼顧農地生產條件和農民的生活環境的改善，透過各項公共設施的投資建設，以增進農村社區的經濟繁榮。第一期先期辦理者，包括南投縣草屯鎮過坑、埔里鎮珠子山、南投市軍功寮、國姓鄉水長流、國姓鄉柑子林、魚池鄉新城、鹿谷鄉清水、魚池鄉長寮尾、草屯鎮紅瑤、草屯鎮番子田、中寮鄉大丘園、鹿谷鄉坪頂及苗栗縣卓蘭鎮內灣等 13 區；第二期先期規劃包括：南投縣集集鎮共和、集集鎮樂園、埔里鎮虎山、草屯鎮三層巷、草屯鎮中原、草屯鎮雙冬、南投市營南及台中縣東勢鎮大茅埔等 8 區。

註釋：

1.　相關的訪談紀錄，請參見陳儀深（2001）：九二一震災口述訪問紀錄（上篇：政府部門；下篇：民間部門）。台北：中央研究院近代史研究所。民國 90 年 12 月。

2.　依據內政部於 90 年 7 月 1 日止之統計資料。

3.　生活重建服務中心原稱為《社區家庭支援中心》，民國 90 年元月更名。以南投縣最多，共有 21 處；台中縣其次，有 8 處；主要以公辦民營的方式運作；請參見廖俊松（2002）：生活重建服務中心政策評估及推動模式之研究。行政院九二一重建委員會。民國 91 年 5 月。

4.　請參見黃源協（2002）：災區弱勢族群個案資料之運用管理與追蹤輔導研究。行政院九二一重建委員會。民國 91 年 5 月。

5.　參考謝志誠（2001）主編：築巢專案系列：回家的路。財團法人九二一震災重建基金會。民國 90 年 11 月。

6.　參見建築師法第十七、十八、十九、二十、二十一、二十二、二十四、二十六、二十七條。

7.　行政院國家科學委員會（2000）：中華民國科學技術年鑑。台北：行政院國科會。民國八十九年十二月。340 頁。

8.　同註 7。342 頁。

9.　包括一級古蹟 24 處；二級古蹟 50 處；三級古蹟 223 處；國定古蹟 11 處；省（市）定古蹟 65 處；縣（市）定古蹟 116 處。

10.　參見行政院九二一重建委員會（2002）：重建區古蹟與歷史建築修

復與活化再利用研討會。九二一震災災後問題探討暨民間團隊經驗交流第五次研討會。民國 91 年 11 月。

第十一章　重建區振興計畫

第一節　振興計畫的提出

　　三年已來，震災重建工作包括主要公共設施包括道路橋樑、辦公廳舍、震損學校等重建、土地重測與地形圖繪製工作大致都已完成。在政府與民間共同努力下，重建區觀光旅遊人數已恢復震前水準。社區總體營造、集合式住宅重建、組合屋弱勢居民照顧、農業轉型與促進觀光產業發展等均已初見成效。未來重建會完成階段性任務後，業務將逐漸回歸各部會繼續推動，為利業務銜接，九二一重建會花了一年的時間，研擬民國 92 年至 95 年的 4 年振興計畫，針對九二一重建區，從自然環境的變化、重建情形、以及民眾在地的觀點，結合各部門專業上的考量，以追求人類與自然和諧發展為宗旨，規劃振興重建區產業、開創重建區永續發展契機。這個計畫也有因應台灣加入世界貿易組織對重建區傳統產業衝擊的雙重考量下，依據行政院游院長 91 年 2 月巡視九二一重建會指示：「重建工作有多項業務已完成階段性任務，請研究回歸正常行政體制。另為因應加入 WTO，農特產結合之觀光旅遊規劃與推廣、輔導農業及工商業轉型，以促進災區產業振興等工作，均需由各主管部會接續進行，請重建會擬定五年振興計畫報院核定」。

　　根據重建會的建議（註 1），此一計畫共計 37 項子計畫，總經費需求 243.90 億元。92 年度計畫經費 143.01 億元。93 至 95 年度

計畫經費 100.89 億元，由各部會負責籌編，繼續推動辦理。

　　至於經費來源，92 年度所需經費，由 90 年度九二一震災災後重建特別預算（含二期）、九二一震災社區重建更新基金支應。93 年度以後需求，由各部會負責籌編，繼續辦理；而各部會已納入國家發展重點計畫辦理之項目，由各部會自行編列預算支應；至於各部會及各縣市政府執行災後重建計畫特別預算之結餘款，統籌納入作為計畫財源。

　　根據九二一重建會的分析（註 2），重建區人口產業結構，第一級農林漁牧業自民國 88 年之 13.84%增加至九十年之 14.70%，同期間第二級之製造業從 39.14%增加至 39.36%，第三級產業之服務業、商業則從 47.01%降低至 45.94%。其中三級產業不增反減的現象，與一般經社發展趨勢不同。失業率民國 88 年為 2.33%，至 91 年上升達 5.13%，同期間台灣地區平均失業率亦由 2.69%上升至 5.16%。全年每戶總收入，由 88 年之 1,002,800 元至 90 年減少為 981,882 元，平均每人每月所得由 20,896 元減少至 20,456 元。期間觀光旅館數仍只維持 13 家。依據上述統計資料顯示重建區產業結構初級產業人口比例偏高，而每戶收入偏低，且地震後相對減少。顯示地震之影響明顯，尤其對受災戶需負擔住宅重建與家庭生計至為不利。另第三級產業人口部分，重建區所占之比例遠低於全國平均比例（相差約 10%）。顯示如何充分利用其自然環境、地方農特產等觀光資源，以提昇產業，進而增加收入成為關鍵課題。

第二節　計畫目標與策略

一、計畫目標

振興重建區產業、重建區民眾擁有優質的生活環境，基於「優質重建」、「永續環境」、「安居樂業」之規劃原則，預計五年內達成下列目標，包括：配合產業發展所創造之工作機會加強就業服務，俾使失業率降低至全國平均值以下；主要風景區旅遊人數達800萬人次；加強崩塌地水土保持整治及生態復育，穩定觀光軸線邊坡，提供安全及豐富內涵的旅遊；輔導傳統農業成功轉型提昇為休閒農業或觀光服務業；推動 100 處社區總體營造，成功發展城鄉產業，圖 11-1。

圖 11-1　地震教育成為後重建時期的重要課題

二、振興策略

為使重建區產業因應世界潮流變化，配合現階段政府重大政

策及計畫，妥善運用重建的基礎與資源，營造可長可久的永續發展環境，規劃振興策略，包括：規劃休閒旅遊套裝行程，配合觀光季節、旅遊軸線，結合民間資源綜合規劃；改善風景區公共設施，提供足夠發展需求的建設數量與品質；加強促銷，提昇宣導推廣企劃；觀光軸線沿途迫切需整治及穩定地區，優先協助改善；依據既有農業環境，規劃符合發展需求之觀光休閒農業計畫推動實施；善用地方文化特色及環境資源，推廣古蹟、生態旅遊；協助輔導農民轉型必須之經營管理訓練，相關證照及行政措施簡化；加強農業技術研究，提昇本土性農特產品創新開發，並建立品牌拓展國際性市場；協助提昇社區產業經營管理能力，改善營運體質，永續發展；規劃符合都會、鄉村、原住民等不同社區適用之社造模式及發展機制。

第三節　觀光休閒產業的振興

　　配合國家整體發展及因應日漸增加的國內旅遊需求，「生態觀光」、「精緻旅遊」、「原住民文化」及「產業觀光」為重建區將來發展的主軸。創造遊程主題與特色，充實建立完善之公共服務設施，提供遊客民眾安全舒適之遊憩品質，改善指標系統與導覽系統，以及國際化等措施，藉以營造兼具深度、廣度、永續經營的觀光資產，作為行銷國際觀光市場的基礎。包括：

一、建構休閒旅遊系統

　　依據重建區各重要景點、產業區位、交通動線，規劃九大觀光軸線計有：梨山風景線、東勢谷關風景線、埔里日月潭風景線、

霧社清境合歡山風景線、廬山風景線、竹山鹿谷風景線、集集鐵道風景線、信義東埔風景線、南北港溪風景線等系統。配合已著手重建之桃米、澀水、白冷圳、小半天等社區可提供民宿及重建新學校資源，可投資改善各風景區（點）公共設施，提昇整體景觀，俾促使吸引觀光遊客，帶動地方經濟。改善計畫包括整建風景區、改善集集鐵道整體景觀、建設名間地震紀念地、埔里花都景觀改善等。配合社區總體營造、地震新景點、傳統農業轉型等，將資源整合規劃，開發新觀光軸線，包括中興新村中寮風景線、草嶺風景線、卓蘭風景線、石岡東勢風景線。

重建區自然生態豐富、文化萃集、觀光資源多樣化等，依各不同主題與季節，規劃經營溫泉旅遊、生態旅遊、地震景觀旅遊、鄉村風華旅遊等，風味不同之主題套裝遊程，吸引觀光遊客，帶動地方經濟。辦理規劃主題旅遊套裝遊程、發行主題遊程觀光護照、辦理相關主題活動及生態體驗營。藉由推展特色活動，宣示重建區產業特色，吸引遊客到重建區旅遊。並透過活動凝具觀光業者共同致力接待觀光客，提昇服務品質。計劃包括：(1)國際性觀光活動：國際萬人橫泳、國際水上花火與音樂等；(2)地方觀光活動：雲之南百夷文化節、溫泉季活動、竹藝文化節、茶香嘉年華會等；(3)特色活動：原住民之霧社文化季、邵族祖靈祭等，及古蹟巡禮與社區產業特色活動；(4)生態活動：螢火蟲生態營、鷹揚八卦活動、蝴蝶生態體驗活動等；(5)林業活動：森林及林業資源旅遊，推廣大雪山鋸木場活化再利用等林業活動。

二、休閒農業旅遊系統經營

規劃套裝農業休閒旅遊，包括：中潭、集集/信義、大湖卓蘭/東勢谷關、以及古坑/草嶺/梅山/竹崎/石卓四條農業休閒旅遊路線之景點整合與農業休閒旅遊活動。成立地區「休閒農業聯盟」，充分將鄰近農業環境資源連結成地區農業休閒網。培訓農業休閒解說員，導覽介紹產業發展及人文、生態、文物、農業休閒旅遊資訊，以及當地農特產品。發展精緻、知性的農業休閒旅遊產業。民宿輔導計畫則主張調查建立民宿基本資料，規劃簡化民宿證照申請審核程序，並輔導特色民宿經營，協助具有特色的民宿業者取得合法證照。並辦理特色民宿參訪交流活動。提供多元化不同風味的住宿與地方美食，帶動地方經濟、提供就業機會。農業文化園區包括：溪頭、鳳凰谷鳥園、麒麟潭等風景區，與鹿谷茶鄉產業結合的茶文化園區；竹山｜竹的故鄉，配合地方竹藝推展設置「竹文化園區」；南投縣埔里地區及其鄰近五鄉鎮之花卉栽培面積高達七百公頃，年產值約 13 億，具大規模花卉栽培景觀優勢。在中潭公路旅遊路線，富有觀光發展的潛力。規劃在埔里設置多功能花卉處理中心一處，因應當地花卉採收後之處理、分級、冷藏、包裝、品牌開發及行銷需求，並可供為展售、花卉生態、教育之場所。未來將可繁榮地方經濟及促進花卉產業文化發展。發展農村釀製水果酒，妥善運用農產資源豐富之產區及農產物，促進農產業復甦及產業發展，提昇產業競爭力、增加農家收益。配合休閒農業及觀光產業發展，已於台中縣設置四處、苗栗縣設置一處、南投縣設置三處之農村酒鄉，繼續加強輔導；期能塑造「產業與觀光」、「觀光與文化」、「文化與產業」的產業文化振興再造。

三、改善旅遊服務

　　為改善旅遊服務，讓道路景觀成為賞心悅目的旅途，九二一重建會計畫配合觀光風景軸線，塑造主要聯絡道路景觀，整體觀光景觀優質化，計畫辦理中潭公路景觀改善、台21線道路改善與景觀塑造、延溪公路景觀改善、杉林溪聯外道路整建與景觀塑造、台14線清境段道路改善與景觀塑造、台16線道路景觀改善、台8線道路改善與景觀塑造、谷關街道景觀改善、草嶺/瑞里觀光區聯絡道路改善工程。

　　同時協助地方政府研擬具體措施，解決影響景觀之騎樓、違建、廣告招牌，及共同管線等問題。

　　配合政府推動「觀光客倍增計畫」及「全島運輸骨幹整建計畫」之政策原則，因應本計畫之各項套裝旅遊規劃，建構觀光旅遊巴士系統，建立以機場、主要鐵路車站為起點，連接至主要旅遊地區之觀光旅遊巴士，逐漸取代以私人汽機車為交通工具之旅遊方式，以提昇旅遊便利性與道路交通安全。

　　針對「觀光客倍增計畫」之環島鐵路觀光旅游路線｜集集支線國家花卉園區計畫，整建集集鐵路支線各站附近地區停車、廣場等公共設施與景觀改善，並協商地區性民間客運系統建置車站至景點之旅遊巴士。包括台14線、台16線及台3線等重要聯外道路，訂定道路交通管理辦法，使砂石車、水泥車等於特定時段行駛，以增加旅遊及道路交通安全。同時加速改善台3線、台8線、台14線、台16線、台21線及其聯絡縣道之道路指標系統實施從業人員與導覽解說人員培訓，提昇觀光業服務品質。促使觀

光服務人員熟悉、認識地方特色與關聯性產業，周詳的引導國內外遊客參訪當地人文景觀，提高重建區觀光品質，深化旅遊資訊吸引遊客再次造訪；設置觀光軸線景點導覽圖說、分區旅遊驛站，提供國內/外遊客旅遊必需之資訊，提昇重建區觀光服務及重建形象。

四、宣導與推廣

重建區豐富的觀光及休閒遊憩資源，美景、溫泉、賞楓、森林、陶藝、原住民文化等，一年四季都有數不盡的旅遊主題，值得一而再、再而三的造訪玩賞。必須加強促銷，提昇宣導推廣整體企劃。規劃編輯適合學校校外活動之套裝遊程，提供全國各級學校規劃學生參訪，推廣新校園建設。並結合旅行業界行銷，促使全國人潮到重建區校園旅遊，認識優質學習環境，並帶動重建區經濟。結合媒體辦理主題套裝遊程宣導推廣，帶動重建區觀光熱潮，活絡當地觀光產業、增進經濟效益。針對銀髮族群、公務人員、國外商務旅客等，編輯適合的套裝遊程，並結合旅行業及國民旅遊卡，促進非尖峰時段旅遊人潮，增進重建區觀光經濟收益。

第四節　地方產業競爭力的提昇

既有產業中，選擇具有特色及獨特性舉足輕重地位的項目，以重點產業加強輔導，提昇品質及產銷與市場機能協助推展，掌握開創契機。

一、協助改善產業經營管理能力

針對重建區八縣市傳統市場，引進現代化經營觀念，協助其改革、轉型，提升經營能力並發揮傳統市場特色。同時結合促銷與媒體廣宣活動加強社會對傳統市場重視，活絡重建區並使商機再現。同時規劃人才培訓、新產品研發、建立市場行銷通路等集體式經營管理輔導，以振興重建區之產業商機，活絡地方經濟，創造重建區就業機會。

二、傳統產業再造

發展具有獨特風味、深受消費者喜愛之鄉土特產。包括：中寮柳橙、南投香蕉、集集卓蘭椪、鹿谷名間茶、信義梅及蓮霧、竹山/鹿谷冬筍等。輔導擴充生產規模，滿足市場需求。開發具有競爭力、高經濟價值之產業。包括：埔里/魚池菇蕈及茭白筍、水里臍橙、集集糯米荔枝/桂味荔枝、草屯玉荷包荔枝、東勢/石岡高接梨、和平甜柿、仁愛水蜜桃等。以新品種更新及現代化栽培技術，帶動地區產業發展。其他的重點產業包括：竹材陶藝、石雕、漆、造紙、木業等傳統工藝與農村產業之活化與再造。

三、形象商圈再造

為恢復重建區商業活動，帶動旅遊消費人潮，90 年已選定南投縣、台中縣、台中市及雲林縣 18 個受災嚴重的鄉鎮商圈進行三年活化輔導，協助重建區商圈成立自治管理組織幹部訓練、店家經營輔導、人才培育及行銷廣宣等，藉以塑造災區特色商圈、恢復災區商業功能，並協助重建區商圈展現新契機。

四、發掘創新產業增加競爭力

依據「產業升級」、「推動產業群聚整合發展」及「行銷推廣擴大影響」三個層面，達成「產銷整合提升整體競爭力」及「重建區產業聚群發揮團隊戰鬥力」之目標，振興重建區之地方經濟發展並增加就業機會。以企業診斷、輔導、人才訓練及知識分享，提升重建區企業經營整合能力。運用產業聚群整合發展，強化重建區整體產銷價值鏈的功能及創新能力。最後，透過國內外參展強化國際市場開拓力，帶動重建區的經濟活力。同時協助重建區企業經營資金專案，包括 500 億元震災貸款利息補貼、投資及融資協助以改善企業財務。

第五節　建設與自然和諧共存的生活環境

地震後之土質鬆動，水/地文產生鉅烈的改變，重建區易受豪大雨引發之土砂災害。亟待推動全流域整體規劃分工治理工作，降低洪患、減輕二次土石災害，建構與自然和諧發展的環境。相關之防災資訊與體系建制，亦須繼續落實推動，包括：

一、推動產業發展所需之集水區整治

九二一震災造成重建區集水區崩塌嚴重，之後又經歷桃芝、納莉風災破壞，水、地文產生鉅烈改變，每逢豪大雨易引發土砂災害。為建構與自然共生的生活環境，重建會積極推動重建區四大流域整體治理與管理規劃，對於產業振興觀光景點與路線開發，可配合提供相關之集水區土砂災害敏感地區位置，並予落實

執行，避免因土砂災害造成遊客對重建區旅遊安全的疑慮和不安；且為確保鹿谷、竹山地區民生用水及配合農產、休閒觀光產業之振興，目前已置於北勢溪谷中的鹿谷淨水場，需遷移至安全地點，以避免土石災害。

二、推動生活、生產、生態之農村聚落

為配合重建區產業振興與推動農業休閒旅遊，持續辦理農村聚落重建工作，改善社區公共設施、休閒設施、生態環境與發展農村產業，結合產業與觀光休閒活動，改善營農生活環境，並營造出具有生產、生活及生態三生一體之農村聚落新風貌。

三、建構安全生活環境系統

結合國科會「國家防災型計畫辦公室」研究成果，推動縣市防災應變設備及資訊示範建置，整合各部會、學校研究中心資源，作為防災預防整備之基礎。強化重建區八縣市防救災資訊及設備，提高因應天然災害之預防及疏散作業能力，與中央災害應變中心連繫與支援協調。

第六節　社區總體營造的繼續推動

重建區營造出來新的產業、新的氣象，未來將產生的都會區及新鄉村，由在地社區組織自主性規劃，創造蘊涵本土特質、符合新世紀水準的城鄉風貌。為增加重建效率、推動後續工作，住宅重建需考量與觀光資源結合，為振興地方產業的重要工作。藉由規劃地方特色，以「社區總體營造」精神配合「產業觀光軸線」

整體規劃，期能有效吸引觀光人潮，提供優質之旅遊環境。

一、創造產業發展之城鄉住宅建設

配合「振興觀光產業」與「提昇地方產業競爭力」計畫，以社區總體營造精神進行住宅單元的設施整建（如重建區富有歷史意義之老街），利用產業發展的效益帶動重建地區及周邊住宅需求，吸引外移人口回流。在公共設施規劃完竣後，配合住宅建設規劃相關硬體設施、防災設備，創造優質生活環境，增加重建區觀光人潮，有效創造就業機會，帶動重建區商業振興活動，進而提昇災民所得水準，增加災民償還貸款之能力，使居民生活因振興計畫而受益，住宅建設藉此亦能引導城鄉再造與產業發展。

在原住民聚落重建部分，利用振興產業所帶來的波及效果，藉由原住民社區總體營造塑造原住民部落特色，原住民部落將可提供文化保存、遊客遊憩、登山嚮導訓練、民宿等多樣化休閒機能，除維護原住民特色外亦可增加原住民同胞之就業機會與經濟能力。

二、推廣社區照顧系統

重建區各縣市經設置生活重建服務中心 32 處，提供福利服務、心理輔導、組織訓練及諮詢轉介服務，為讓中心的業務與常態接軌，擬成立輔導小組，協助生活重建服務中心轉型，提供全人輔導、以家庭為核心之福利服務。同時結合公私部門建構完整的福利服務輸送體系及個案管理資訊系統，透過資源連結與監督機制，有效率輸送福利服務，確實滿足個案需求，由本會進行資

訊軟體的開發及人員培訓，縣市政府負責所需資訊設備及聯繫機制的建立。為協助震災重建區福利服務深入社區，積極執行福利社區化工作，並於完成後辦理福利社區化成果觀摩展示會，使重建區得以互相學習，並使各年齡層獲得適當的社會福利服務。另考量重建區弱勢族群所受之創傷特別深，擬利用中興新村既有文教、育樂、休閒設施，舉辦身心障礙者、原住民、單親家庭、兒童、婦女等弱勢族群心靈重建活動，使其心靈獲得紓解並激勵求生存之志氣。

三、建構多元就業服務機制

為有效紓解重建區失業問題，配合產業振興發展，擴大就業服務能量，並將重建區就業服務措施與常態就業服務機制接軌，因應就業市場工作機會之開發，適時調整訓練職類，協助民眾順利就業，同時積極落實「多元就業開發方案」、「重建區弱勢戶就業輔導方案」、「就業專案經理人」及「僱用獎助津貼」等就業促進措施。而為協助解決重建區不便離鄉出外謀職，及參加政府機構一般職業訓練之失業人口（尤其是婦女及中高齡）習得技能專長。現階段整體經濟仍未擺脫不景氣困境，就業機會難覓，妥善利用此就業空窗期，加強失業者之職業技能再造，協助增進就業潛能，重新出發。

四、發展社區營造網絡

為突破過去以單一社區為主的發展瓶頸，改善過去政府投資產業發展模式的限制，本計畫鼓勵重建區之社區串連，推動「共同產銷、共同採購」，以促進社區產業發展，改善家戶經濟。目前

重建區可能形成之社區網絡有：南投中寮線、國姓北港線、埔里日月潭線、清境霧社線、東勢谷關線、集集鹿谷線、陳有蘭線等。輔導社區組織成為共同串聯對象，建立「權責相當、共同承載」的社區營造觀念。同時僱用在地社區人力方式，創造短期就業機會；並結合本會 GIS 地理資訊點位系統，發揮社區聯盟功能。

第七節　推動策略

為推動後重建時代的重建區振興計畫，重建會也擬定了示範計畫及暖身活動，分述如下：

一、示範計畫

為帶動重建區整體發展規劃模式，擇定四個地區，整合該範圍內之產業發展、公共建設、文化資產、及生活重建與社區營造等資源，統籌規劃。以提振產業、吸引觀光人潮、創造就業機會，提供重建區發展之多元化商機。主要有：

（一）東勢、石岡發展計畫

以東勢鎮東安里本街都市更新，結合更新後之各項市政建設，加上東豐綠色景觀走廊及大雪山鋸木廠保存作為林業博物館。石岡鄉之各項地方特色及地震紀念地等景點，將石岡與東勢結合成一軸線，成為東勢石岡客家文化軸。整合東勢鎮暗山、茂盛等休閒農園，並結合小瓢蟲有機農場、石圍牆與埤頭里酒莊、梨文化園區及石岡鄉藥膳植物園區，發展成為富含休閒、體驗、教育性園區。協助辦理土牛劉家伙房客家文化博物館、地震紀念

地、廢棄之舊鐵道改建成之東豐自行車道形成「景觀走廊」、林業博物館、石岡穀倉。其他如公共設施改善、水土保持改善工程，協助輔導東安里老街形象商圈、中山路形象商圈、輔導保健植物及藥膳園區、石圍牆酒莊、暗山茂興休閒農園。協助輔導社區總體營造，協助輔導東勢東安里本街都市更新、慶福里社區營造。

（二）大里、霧峰發展計畫

從嚴重震損復甦的大里與霧峰具有濃厚的重建特色，以霧峰鄉之九二一教育園區為主軸，改善週邊環境，串連形象商圈。再與大里各項地方特色景點，可規劃建設為都會型之觀光商圈，吸引遊客駐足。協助辦理國光假日花市、九二一教育園區、水土保持改善工程、輔導樹仁形象商圈、大里菸葉博物館、草湖芋仔冰商圈。

（三）信義東埔發展計畫

輔導信義鄉東埔地區等原住民社造點，以「東埔部落模式」進行部落環境改造與公共服務系統整備，打造具原住民特色部落，創造就業機會。整合信義鄉民和農業文化園區、草坪頭玉山休閒茶園區及信義鄉農會農特產品展售中心、農村酒莊等設施，除可供遊客休閒旅遊外，並可採購當地農特產品；協助辦理「春梅藝術節」、「部落聖誕節」，推動新鄉、東埔休閒民宿；辦理台21線道路改善、復建台16線地利橋、台21線信義橋、望鄉橋、松泉橋、神和橋、愛玉橋，以及原住民聚落環境改善及相關水土保持改善工程；協助草坪頭休閒茶葉園區、信義酒莊、信義農特產品展售中心、東埔溫泉園區整體行銷；輔導信義鄉東埔地區之原

住民聚落營造等。

（四）南投、中寮、名間發展計畫

　　中興新村擁有獨特的低密度庭園住宅風格，優美的社區環境及完善的生活機能，成為南投市附近民眾假日休閒的好地方，加上地震後設置之九二一地震資料展示陳列室，也吸引許多遊客造訪。結合毗鄰的南投酒廠、中寮、以及名間鄉的濁水車站、地震景點，規劃開創具有城鄉特色的旅遊行程。進而與已具雛型的集集、水里風景線接軌，可以豐富這條軸線的活動，提供更健全的觀光遊憩機能。協助辦理南投、中寮水果酒鄉計畫，以策略聯盟模式連結中興新村、南投酒廠、中寮鄉十三村等發展據特色之「水果酒鄉」。推動酒廠公園化、共同識別系統、個性化商店計畫，設置共同指標系統。並提供協助辦理酒培訓、產品開發、產業文化研究、導覽解說、酒廠代工計畫，舉辦「水果酒嘉年華」、「九二一火德節」、「龍眼節」等。此外，名間鄉濁水車站腹地完整，周圍具潛力規劃為多目標鐵道旅遊文化之藝文商圈，將推動名間鄉濁水車站整體規劃計畫，俾配合集集支線的「慢速火車旅行」，成為名間鄉發展觀光之起點，落實振興產業及促進地方繁榮。協助辦理景觀道路改善及導覽系統、中寮親水公園規劃及水土保持改善工程；輔導南投市中山街形象商圈、和興村有機文化園區、濁水藝文商圈改造、中寮永平形象商圈；推動新社區儲備用地開發、新民村社區營造、龍安村社區照顧、中興新村社區組織培力。

二、暖身活動

　　為帶動產業發展及增加旅遊人次，政府與民間除仍依照既有

規劃，在不同地區與季節辦理具有特色的活動外，92 年度重建會預定辦理一系列的活動，把重建區美好的景緻重新、完整的介紹給國內外遊客。重建會計畫於 92 年度推動辦理五項如次：

1.「九二一地震紀念碑國際競圖」活動及興建計畫：選擇重建區具有地震紀念價值之適當區位地點，例如地震斷層直接或間接塑造成的地景與環境敏感地區等，並針對各區位地點之發展現況、產業、交通等因素作整體考量，邀請專家學者評估相關地點辦理基地評選，以國際比圖方式，邀請國內外設計專業人士，規劃設計方式不限，主要朝向能夠使民眾感動、具有永久紀念價值的構造物或環境設施為原則，此地震紀念碑除發揮教育功能外，並作為九二一地震的歷史記錄見證。

2.舉辦「九二一地震防救災與重建國際研討會：規劃舉辦大地災害整治、安全防災空間規劃等一系列的研討會，活動共計五天。邀請國外知名學者專家、國內各有關部會、縣市政府、救災團體、學術機構等參與，藉由研討主題之論文發表與綜合討論交換意見，獲取寶貴的經驗，作為進一步訂定日後防救災工作之參考，並藉機介紹九二一震災重建經驗與成果。

3.「社區總體營造」觀摩：社區總體營造係啟發在地活力，誘發當地居民自主參與公共事務的理念與工作方式，協助重建區民眾整建新家園。經過幾年重建，部份受災社區正展現深具地方特色新面貌，受到各界肯定，因此辦理「重建區社區總體營造觀摩」，提供互相學習、激勵、創意與展示的機會，並具體呈現重建成果。

4.辦理「重建區活力再現」活動：舉辦九二一產業重建整合型研討會，活絡重建區商機。結合各社區團體力量，進行知識分享

與經驗交流，達到社區、產業永續發展的經驗傳承與創新。推動
九二一人文風情季展覽會，聯合中部八縣市共同參與之動態展覽
活動。設立特色主題館，透過生動活潑的方式來推展重建區的特
色商品。並與工商團體及消費大眾互動，達到重建成果的展現，
並進一步延續商機。相關文宣與報導：召集相關產業、社區團體
與媒體工作者透過體驗行銷的方式，就重建區工商及觀光休閒產
業的重建與發展狀況進行了解與報導，進而達到訊息擴散的效
果。並彙整四年來 921 重建區的產銷輔導、商圈再造、社區總體
營造具優良績效之各示範點，紀錄重建的實績，也提供台灣民眾
與重建區的互動連結。

　　5.辦理商圈博覽會：藉由國際青年商會到重建區舉辦年會，安
排會員於年度期間分月分批到重建區參訪活動，順道至重建區社
造點、觀光點、休閒民宿、商圈消費，關懷、愛心活動，並結合
92 年 9 月 18 日國際青年商會世界總會年會與商圈博覽會會活動，
促進重建區市場活絡擴展商機。

三、其他配合措施

　　各縣市政府已推動之重建計畫經費結餘款，按照各縣市政府
之結餘額度內，符合本計畫目標、振興策略等原則之計畫項目，
推動各項產業振興及相關工作，納入振興計畫報奉核定後實施。
各縣市政府應參照「九十年度九二一震災災後重建特別預算執行
與會計事務處理應行注意事項」規定，將執行計畫循行政程序報
核後執行。

四、預期效益

1.妥善運用重建資源及既有的重建基礎，重點式的加強產業發展所需之公共設施、水土保持、崩塌地整治等相關建設，改善觀光遊憩及農業發展環境，厚植重建區永續發展基礎。

2.提供職能訓練、輔導社區總體營造 100 處，達成健全社區產業，創造就業機會，增加重建區民眾實質收入，改善民眾生活水準。

3.藉由促銷活動之舉辦，預計可銷售農特產品達 1 億 4000 萬元以上。擴充具有獨特風味及高經濟價值之果樹等產業栽培面積 400 公頃以上，估計可增加農民收益達 2000 萬元，並提供重建區居民就業機會。且預計增加主要風景區旅遊人數達 800 萬人次，帶動週邊相關餐飲、農特產、手工藝品等產業經濟效益。

4.示範計畫及暖身活動一系列之舉辦，推廣重建經驗，重新塑造重建區完整的景象，呈現給國內外人士各界，增加對重建區之認識，達到吸引觀光人潮、創造就業機會，提供重建區發展之多元化商機。

註釋：

1.　此一計畫原本預定以五年計畫的形式提出，唯其中因牽涉到部會與重建區縣市政府意願，協調費時，加上重建會人事更迭，以致最後提出頗為費時，目前是以四年計畫的形式提出。九二一重建會已於民國 92 年元月報行政院審議，目前正由行政院審議中，尚未核定。

2.　本章資料主要參考行政院九二一重建會（2003）：重建區振興計畫（草案）。民國 92 年元月。

第十二章　代結論

　　隨著時間的推移，九二一震災重建雖然緩慢，但終有完成的一天，重建工作也許慢慢的失去舞台，但那一段歲月，卻值得經歷過的人們永遠懷念。無論是國民黨主政的震災前期與民進黨主政的重建後期，相關的政府、產業、民間與學術單位，在這段歲月中投入的努力與精神，絕對值得尊敬。中央研究院近代史研究所陳儀深教授主持的《九二一震災口述訪問紀錄》，前後花了將近兩年的時間，訪問記錄了 46 位政府部門的主事者及 43 位民間相關工作者，雖然政府部門偏重在民進黨政府的重建階段，民間部門偏重在投入重建區工作的非政府工作團隊，但對紀錄那一段歲月的心路歷程，卻非常有參考價值（註 1）。

　　傳統上政府公權力的行使，原則上不宜介入私人權利義務的私領域關係，此所謂《清官難斷家務事》，災區重建的工作如果只侷限在傳統的公共設施（如公有建築、學校、道路、橋樑、河川、溝渠等等）與公用設備（如水、電、瓦斯等等）的復建，重建進度雖有些許落後，但基本上，仍差強人意。但如果災區重建如果還包括私人住宅的重建、社區生機的恢復、產業的振興、災民的就業等等工作，重建之路雖然不能說是滿地荊棘，但絕對是千頭萬緒。

　　通常政府的治理能力（Governance Capacity）包括五個面向，第一是組織的行政能力，能否充分發揮，提供組織存在的正當性；第二是組織的決策能力，能否根據適時的需要，做出適當的政策，

滿足社會大眾基本的生存、生活與發展需求；第三是組織的資源
運用能力，能否在有限的資源競爭中，得到較佳的分配位置，進
而有效的轉換為施政能量，創造最大的附加價值與乘數效果；第
四是組織的解決公共問題能力，能否得到民意的支持與社會大眾
的正面肯定。第五是組織的危機處理能力，能否正確地判讀問題
的嚴重性，適時做出有效決策，不致反應不及，亦不能反應過度。
要從這五項指標來檢驗九二一災後重建的績效，相關研究至少有
十餘篇（註2）。

民國92年元月，九二一暫行條例第三次修正案甫經立法院通
過，審議中的後重建四年振興計劃，在新的年度開始後，勢必投
入大量資源於災區振興工作，尤其是重建計畫與振興計畫如何完
整銜接，均需逐步完成。以下幾點建議，或許野人獻曝，但亦頗
值得學習，包括：

一、利用重建地區交通及公共建設重建機會，逐步完成環境
敏感地區的劃設與潛在危險地區的地理資料庫的建立。九二一震
災後，地質敏感地區與公共建設的破壞程度呈現高度的相關，隨
著重建區觀光產業重要聯外幹道，諸如台14線、台21線、台16
線、台3線、151線、152線、149線等的逐步搶修與修護，均已
恢復暢通，然部分路段如台八線谷關至梨山段、溪頭——杉林溪
的安定灣段，由於地質特殊，坍塌嚴重，至今無法完全修復，宜
僅早謀求解決；同時利用此一機會，全面偵測敏感地區與潛在危
險地區，結合中央研究院正進行中的九二一數位地震知識庫，建
立相關的地理資料庫，作為國土改造與區域防災的重要資料庫，
並為全國性的數位地理知識庫預作準備。

　　二、以《社區》觀念為出發點，從政府部門、民間部門與非營利性團體的互動學習中，建立社區總體營造新模式，解決災區民眾經濟與生活問題。現代社會是一個互相依存的社會，也應是一個互相協助、互相認同的社會，台灣由於半個世紀的經濟發展，人與人之間的疏離感取代了傳統的溫馨互動，九二一震災造成建築物 51712 戶全倒及 53678 戶半倒；但也激發了台灣人民最寶貴的溫馨互動與熱情；表面上看，政府為安置受災戶，提供優惠房貸、優惠國宅、房屋租金及臨時住宅（組合屋）等措施，只是滿足災戶個人的基本需求，這些措施要想發揮更大的乘數效果，必須藉此機會喚回社區民眾熱愛鄉土的地方意識，連同就業問題、產業振興問題、組合屋等臨時住宅問題、居住環境品質問題等等，一併解決，社區總體營造在此找到了大量實驗的機會，政府必須好好掌握此一契機，為重建台灣熱情而建立起可長可久的社區自主組織與互動體系。

　　三、從民眾角度解決問題，揚棄政府本位思考，協助受難個人及家庭心靈重建。九二一地震發生後，問題之嚴重，不僅來自大自然的百年震動，更暴露出後精省時代，中央與地方政府在協調與運作方面的結構性的脫鈎與脫節；例如房屋鑑定工作於 88 年 10 月 22 日已全部完成，但許多鄉鎮市的為助金發放嚴重落後；九二一震災健保卡發放問題百出，不僅不同的發卡單位有不同的認定標準，不同的承辦人說法也不一；組合屋安置與租金補貼，政策一改在改，基層人員無所適從，也有新聞已經發布，政府公文書還在旅行等等，一遇問題，民眾還沒回過神來，政府已經炒成一團，鄉鎮指責縣市政府只看黨籍給錢，不看需要給錢；縣市指

責中央錢沒下來，事情沒人管；中央則宣稱政策早決定，該給的
錢一毛錢也沒有放在口袋裡，宛如羅生門，期間的紛紛擾擾，不
一而卒（註 3）。在災變的救援及安置與重建過程中，政府部門如
果能從新學習，揚棄政府本位，民之所欲，常在我心，已民眾的
角度來思考，不求己公，不諉己過，相信許多問題雖然不一定能
解決，但至少不會增加許多新的問題。而人類的需求由生理的需
求、再到愛與被愛、安全與滿足感的需求、乃至成就自我的滿足，
必須設法滿足，否則容易造成焦慮、不安、不滿與緊張等等情緒，
重大災變之後，隨後而來的創傷症候群，如果笨能有效紓解，其
影響往往是長遠的。九二一大地震帶給災民生活上的衝擊是全面
性的，不僅造成身體與生命的傷害、財產的損失；更由於坍方、
土石流造成交通的中斷、產業的破壞、生計的困頓等問題。冗長
的重建期間，由於衛生、醫療等相關公共設施難以細密照顧，以
及居處環境之諸多不穩定因素，更造成民眾生活上之不便與不
安。在後重建時期，如何與社會福利常軌掛勾，同時紓解民眾面
對「現實生存」之壓力與「期待未來」之焦慮，是一大課題。

　　四、無論新舊政府所揭櫫的重建願景雖然令人心動，由於重
建工作賦予太多的期望，使得重建工作的民意調查始終在及格邊
緣徘徊（註 4）；加上民眾少有參與管道，早期進入重建區的各種
專業協助者，在九二一週年之後，已經陸續撤出，如何動員新一
波的社會運動，補充重建不足人力，為一大課題，由副總統領銜
的認養災區活動，由於台灣整體的經濟不景氣，使得認養活動始
終處於零星狀態，無法風起雲湧，蔚為風潮。為了鼓勵重建區民
眾投入災後重建工作，同時進一步舒緩災區失業問題，重建暫行

條例規定公共工程應優先雇用災區民眾，重建工程繁雜而浩大，有的需時數年，各種產業都盡全力參與公私重建營造工程之際，理應造就災區工作機會，並培養在地人的自立能力，但部分廠商基於現實考量不得不從外面引進勞工，使災區勞工陷入失業困境，或因工作不繼而怨聲載道。為協助災民早日就業，重建家園，恢復正常安定生活，在執行災區公共工程重建策略上，除積極辦理各項促進災區民眾就業及職業訓練措施外，並深入台中、南投兩縣震災嚴重災區探訪災區民眾求職求才情況，配合實際需要。

五、振興災區觀光產業：交通部觀光局已研撰「災區觀光產業發展願景說帖」，送金融機構作為貸放之參考；組成「九二一震災觀光事業重建融資輔導小組」，輔導觀光產業向金融機構申辦低利融資。同時，提昇日月潭為國家級風景區，帶動南投觀光事業整體活絡，觀光局並與航空公司、國際觀光旅館、旅行社業者共同分擔經費，邀請國外主要市場之媒體及重要躉售旅遊業者來台瞭解，以愛心、安心遊台灣為訴求加強宣傳。此外，利用各種媒傳管道，傳遞災區旅遊、交通、住宿正確訊息；協調災區縣政府及時提供交通資訊，確認住宿安全，由觀光局網頁公告最新訊息供旅客查詢。並籲請媒體報導中部地區因雨致道路坍方或土石流時，應具體載明地點，用字謹慎，以避免未受災之觀光景點亦遭民眾誤解，降低旅遊意願。

六、規劃套裝系列活動：針對觀光遊程、週休二日、公務員旅遊國民卡之需要，配合節令、氣候、產期、遊客特性等，協助設計觀光旅遊活動、文藝活動、民俗活動、原住民文化活動、農特產展示活動、商業多元化活動等，並統合規劃成整套系列活動。

針對觀光景點、森林遊樂區、農特產、原住民文化、商圈特色及農業文化園區等，協助地方政府編印或設置宣傳摺頁、手冊、網路網頁等，供民眾參考使用，並透過有線電視、平面媒體、雜誌等媒體，作深度的報導，充分提供民眾觀光旅遊資訊。

七、文化資產維護的保存推動：由於政府採購法並未真正的規範古蹟特殊採購應具備之條件，造成地方政府執行上的困難與困擾，古蹟工程的特殊屬性，不同於公共工程之特殊工程，它應是超出政府採購法，而另訂屬於古蹟採購之執行要件，應儘速研訂一套適合文化資產保存法之採購規範，真正讓文化資產保存維護工作更臻落實而有效率。

八、加強災區水土保持工作：當前水土保持工作，係在兼顧維護山坡地生態之原則下，加速辦理九二一災區土石流及坡地災變防範，並持續推動台灣地區整體性治山防災，減少土石災害，落實水土保持法之監督管理制度，達到國土保安之目的。在長程目標方面，仍應繼續加強山坡地保育利用管理，落實「水土保持法」之監督管理新制度及建立土石流觀測系統；同時透過教育與宣導，提昇民眾對水土保持之觀念，廣徵水土保持義工，並走入社區協助政府推動水土保持工作，減少人為對自然生態環境之破壞。

九、研擬代位求償之替代方案：震災之發生，非僅天災，更屬人禍，故為減輕受災之損失並加速其重建家園，「九二一大地震受災戶聯盟」不斷訴求政府代位求償，主張因震災毀損之住宅有起造人或建築業者未依照建築法令規定施工情事，應由社區重建更新基金先行賠償受災戶各種損失，再承接受災戶之民事求償權

繼續向涉嫌加害者追償。且賠償受災戶各種損失包含因救援不力導致死亡或公務人員違法失職肇致房屋毀損之國家賠償，以及位於斷層帶遭震毀住宅。基於受災戶與建商之間之民事糾紛係屬私權紛爭，政府部門一向主張應循民事訴訟程序或其他司法途徑解決，公權力（政府）不宜介入私權紛爭；且本案一旦形成案例，日後關於因天然災害所生之損害等類此案件，受損害人不問原由恐將群起援引比照，後續影響層面廣大，政策上不宜採行。惟受災戶本多屬弱勢團體，政府倘反對待為求償，宜協助渠等進行集體訴訟，以保障私權。例如在台北新莊《博士的家》，於九二一大地震中倒塌，經過消基會、台北律師公會、台北縣政府等政府部門的協助，提起民事訴訟，經過兩年多的長期訴訟，板橋地方法院終於於民國 91 年宣判建商必須連帶賠償八億七千餘萬元，其中有五億餘萬元為依消費者保護法第五十一條的懲罰性賠償，其後經過多方協調，終於於民國 92 年元月完成和解，建商總共付出 5 億 2500 萬元，解決本案（註 5）。

　　十、很多人都在問，我們到底從九二一學到什麼？如果在發生如此規模的地震，我們如何能從地震中全身而退？我們是否有具備《第一時間的瞬間自救方法》的知識？我們是不是會在平時養成對震災的高度警覺心？與災後重建相關的知識，諸如：購屋須知、戶外旅遊、健康醫療、心靈復健、個人理財等等，我們是否能未雨綢繆？我們居住在斷層帶交錯的土地上，如果沒有有關地震先後如何保命（註 6）的知識，無疑地是極其可悲的一件事。而政府部門是不是已經有了萬全的準備來保護我們的同胞？水土保持、公共建築的把關的把關是不是更加嚴謹？學校教育是不是

有把這些知識有系統的當作生活教育的一個重要環節？畢竟，天災並不可怕，但人禍卻會讓我們萬劫不復。

　　十一、其他建議包括：（1）災變緊急處理應變措施應列為最優先；（2）科技（如預警系統）如何落實在執行面；（3）國土規劃如何增加避難空間；（4）、傳遞民間正確的防災、救災應變知識、災害意識認知；（5）發展出有效的緊急災難應變對策典範；（6）研發成果技術轉移面臨的問題與落差系統整合；（7）災變發生時應如何有效保持通訊系統的暢通；（8）災難分級制度亟待建立；（9）建立合理有效的完整防災機制（包括風險評估、災變管理、緊急管理及嚴重災害防治）；（10）防災機制的法制化；（11）風險分擔機制的建立刻不容緩；（12）專業機構可行性評估；（13）建立準確的模擬預警系統，評估災變損害；（14）加強防災實際應用之研究。（15）各項公共建設結構快速診斷機制及災害防救對策之研究。（16）加強國際合作帶動地震工程科技之研究創新。

註釋：

1. 陳儀深（2001）：九二一震災口述訪問紀錄（上篇：政府部門；下篇：民間部門）。台北：中央研究院近代史研究所。民國 90 年 12 月。

2. 有興趣者請參考：中華徵信所（2002）：地震災區民眾對政府重建措施之滿意度與需求調查，（南投：行政院九二一震災災後重建推動委員會委託）；王鴻楷（2000）：九二一集集大地震後續短期研究──九二一災後官僚行為研究，（台北：國家地震工程研究中心）；民主進步黨中央政策會（1999）：防災白皮書：災後管理與九二一災後重建；廖俊松（2002）：災後重建政策績效評估之研究，（南投：行政院九二一震災災後重建推動委員會委託）。謝斯昭（2003）：政府行政能力之研究──以重建會災後社區重建為例，國立暨南國際大學公共行政與政策研究所碩士論文。

3. 請參考江大樹、廖俊松主編（2001）：府際關係與震災重建。台北：元照出版社。民國 90 年 9 月。

4. 參見中華徵信所（2002）：地震災區民眾對政府重建措施之滿意度與需求調查，（南投：行政院九二一震災災後重建推動委員會委託）。

5. 參見中國時報民國 92 年元月 16 日。八版。

6. 有興趣者，可參閱關心地震研究室（1999）：從地震中全身而退。台北：智達國際傳訊文化實業公司。民國 88 年 12 月。

參考文獻

1. 中央研究院：《九二一災後重建相關研究計畫執行報告書》〈台北：中央研究院 ，2001〉。

2. 中華徵信所（2002）：地震災區民眾對政府重建措施之滿意度與需求調查，（南投：行政院九二一震災災後重建推動委員會委託）。

3. 王鴻楷（2000）：九二一集集大地震後續短期研究──九二一災後官僚行為研究，（台北：國家地震工程研究中心）。

4. 牛頓公司主編：巨大地震（台北：牛頓出版公司）1999 年 11月。

5. 內政部建築研究所（2001）：集集大地震建築物震害調查初步報告。

6. 台灣省政府文獻委員會（2000）：九二一集集大地震救災紀實（上）、（下）。南投：台灣省政府文獻會。民國 89 年 9 月。

7. 民主進步黨中央政策會（1999）：防災白皮書：災後管理與九二一災後重建。

8. 司馬遷《報任安書》〈史記五帝本記〉。

9. 司馬光《與范內翰論修書帖》。

10. 台灣基督教中寮九二一社區關懷站（2000）：中寮鄉老人關懷活動計畫方案。

11. 台灣社區重建協會主編（2001）:《實踐與開創:新生代觀點》災後重建實務研討會論文集。

12. 台灣總督府(1999):昭和十年台灣震災誌。台北:南天書局。

13. 交通部中央氣象局編印（1999）:地震百問。

14. 江大樹、廖俊松主編（2001）:府際關係與震災重建。台北:元照出版社。民國 90 年 9 月。

15. 呂金燕（2000）:南投市慈濟大愛一村簡報。

16. 伊甸社會福利基金會:九二一職業重建身心障礙庇護班職訓輔導計畫方案。

17. 立法院公報（2000），一讀會:第 89 卷 53 期 3112 號、89 卷 57 期 3116 號、89 卷 59 期 3118 號，委員會審查:89 卷 58 期 3117 號、89 卷 60 期 3119 號，廣泛討論:89 卷 58 期 3117 號、89 卷 60 期 3119 號;二讀會逐條討論:89 卷 61 期 3120 號，三讀會:89 卷 62 期 3121 號。

18. 行政院九二一震災災後重建委員會編印:災後重建重大政策宣示系列（一）:民國 89 年 9 月。

19. 行政院九二一重建委員會（2000）:民國 89 年統計提要。

20. 行政院九二一重建委員會（2000）:九二一重建願景。

21. 行政院九二一重建委員會（2000）:南投縣各鄉鎮市重建綱要計畫災要彙編。

22. 行政院九二一重建委員會（2000）:台中縣各鄉鎮市重建綱要計畫災要彙編。

23. 行政院九二一重建委員會（2001）：2001 年重建區重建總檢討會議實錄。南投：行政院九二一重建委員會。民國 90 年 5 月。

24. 行政院九二一重建委員會（2002）：2002 年重建區重建總檢討會議實錄。南投：行政院九二一重建委員會。民國 91 年 5 月。

25. 行政院九二一重建委員會（2001）：重建須知手冊。南投：行政院九二一重建委員會。民國 90 年 8 月。

26. 行政院九二一重建委員會（2001）：九二一震災災後問題探討暨民間團隊經驗交流研討會《重建區重建生態規劃與生態工法》，東海大學災變研究中心。民國 90 年 4 月。

27. 行政院農委會（2001）：九二一重建區土石流及崩塌地源頭緊急水土保持處理計劃：土石流及崩塌地整體治理工作手冊。民國 90 年 6 月。中華民國水土保持學會編印。

28. 行政院九二一重建委員會（2002）：防災及災變管理研習班講義。行政院九二一重建委員會。民國 91 年 5 月。

29. 行政院九二一重建委員會（2002）：重建區古蹟與歷史建築修復與活化再利用研討會。九二一震災災後問題探討暨民間團隊經驗交流第五次研討會。民國 91 年 11 月。

30. 行政院九二一重建委員會（2003）：重建區振興計畫（草案）。民國 92 年元月。

31. 行政院經濟建設委員會（2000）：「都市災害型態及其應變措施之研究——防災體系及防災相關應變措施之研究——防災體系及防災相關計畫」。

32. 行政院農委會（2001）：九二一重建區土石流及崩塌地源頭緊急水土保持處理計劃成果發表會。民國 90 年 6 月。中華民國水土保持學會編印。

33. 行政院經建會（2000）：災後重建政策白皮書。

34. 行政院九二一震災災後重建推動委員會（2001）：九二一震災重建區總體營造初步成果選集。民國 90 年 9 月。

35. 行政院（2001）：90 年度施政方針。

36. 李遠哲主持（2000）：災後重建工作小組：災後重建工作小組報告。民國 89 年 5 月。

37. 李允傑、邱昌泰（1998）：政策執行與評估。台北：空中大學。

38. 李威儀（1995）：阪神大震災：日本戰後最大災害。建築師 243 期。民國 84 年 3 月。台北市：中華民國建築師公會。

39. 余康寧：危機管理研究：政策設計面的探討（載於行政管理論文選集第十輯；銓敘部主編，民國 85 年 5 月。）

40. 吳介英（2000）：災變管理課程大綱。東海大學公共行政研究所。

41. 邱聰智等（1997）：日本防災體制考察報告。台灣省政府法規會。

42. 丘昌泰（2000）：公共管理——理論與實務手冊。（台北：元照出版社）。

43. 丘昌泰（2000）：災難管理學：地震篇。（台北：元照出版社）。

44. 丘昌泰（1995）：公共政策：當代政策科學理論之研究。台北：

巨流出版。

45. 丘昌泰、陳淑君（1993）：當代公共行政新挑戰：災變管理的理論與實際（載於行政管理論文選集第七輯；銓敘部主編，民國 82 年 5 月。）

46. 易經。

47. 東海大學建築系/中華建築文化協會（2000）：布農族家屋重建計劃。

48. 南投有機文化協會（2000）：和興村重建工作站——社區新景計畫南投縣基督教青年會：投縣 YMCA921 災區社會工作方案。

49. 南投縣長青老人服務協會（2000）：九二一老人安住計畫——打造一座老人的希望之村。

50. 南投縣耕藝藝術協會（2000）：壁畫、藝術造鎮——埔里重生系列：災區振興行動。

51. 松鶴故鄉重建工作隊（2000）：泰雅步道街。

52. 翁文蒂（2001）：非營利組織推動九二一重建社區總體營造之研究。東海大學社會工作研究所碩士論文。

53. 埔里鎮原住民慈濟大愛二村娜魯灣托兒所：災區組合屋兒童服務簡報。

54. 財團法人公共電視文化事業基金會（2000）：災難報導與媒體的公共責任座談會民國 89 年 9 月。

55. 陳水扁（2000）：第九任中華民民國總統就職演說。2000 年 5

月 20 日。

56. 陳武雄（2002）：災害防救法的析解與應用。台北：鼎茂圖書
公司。

57. 陳儀深（2001）：九二一震災口述訪問紀錄（上篇：政府部門；
下篇：民間部門）。台北：中央研究院近代史研究所。民國90
年 12 月。

58. 郭清江、鍾起岱（2001）：九二一重建績效考核制度的建立。
研考雙月刊。民國 90 年 8 月。

59. 黃榮村（2000）：災後重建的政策性議題。載於理論與政策第
十四卷第一期。

60. 黃榮村（2001）：行政院九二一震災災後重建推動委員會 90
年度九二一震災災後重建特別預算案編列情形報告。立法院
第四屆第五會期。民國 90 年 3 月。

61. 黃源協（2002）：災區弱勢族群個案資料之運用管理與追蹤輔
導研究。行政院九二一重建委員會。民國 91 年 5 月。

62. 森宣雄、吳瑞雲（2000）：台灣大地震：一九三五年中部大震
災紀實。台北：遠流出版公司。

63. 楊作州（1999）：從日本防災與救災體系中汲取經驗──為九
二一大地震之復興與台灣防災與救災體系之建立。作者自
印。民國 88 年 10 月。

64. 廖俊松（2002）：災後重建政策績效評估之研究，（南投：行
政院九二一震災災後重建推動委員會委託）。

65. 廖俊松（2002）：生活重建服務中心政策評估及推動模式之研究。行政院九二一重建委員會。民國 91 年 5 月。

66. 關心地震研究室（1999）：從地震中全身而退。台北：智達國際傳訊文化實業公司。民國 88 年 12 月。

67. 新故鄉文教基金會（2000）：桃米社區觀光休閒產業整體規劃。

68. 劉兆玄（2000）：九二一震災災害及處理情形總結報告。民國 89 年 5 月 12 日。

69. 劉還月（1999）：台灣大地震斷層現象實錄（台北：常民文化）民國 88 年 11 月。

70. 蕭萬長（2000）：行政院九二一震災災後重建推動委員會議第十三次會議記錄院長總結。民國 89 年 5 月 12 日。

71. 蔡義本主編（1999）：地震大解剖。台北市：牛頓出版公司。

72. 蔡秀卿（2000）災害救助與給付行政。載於行政救濟、行政處罰、地方立法論文集（台北：台灣行政法學會主編 415 頁）。

73. 鍾起岱（2001）：危機管理理論講義。人事行政局地方行政研習中心。

74. 鍾起岱（2001）：集集大地震災後重建機制的建立。研習論壇。南投：行政院人事行政局地方行政研習中心。民國 90 年 8 月。

75. 鍾起岱（2000）：新政府、新觀點、新政策--談災區重建的困難問題與解決方向。載於研考雙月刊二十四卷第五期：民國 89 年 10 月

76. 鍾起岱（2002）主編：重建地區二十四鄉鎮市九二一重建重

大施政與願景成果彙編。行政院九二一震災災後重建推動委員會。民國 91 年 4 月。

77. 鍾起岱（2002）：歷史保存、經驗共震：九二一檔案保存計畫。台北：中央研究院簡報。民國 91 年 9 月。

78. 鍾起岱（2001）：集集大地震災後重建之鑰：論九二一災後重建條例的啟動與修正。空中大學行政學報。民國 90 年 8 月。

79. 鍾起岱（2002）：非營利性組織：九二一重建區民間工作團隊的生機與侷限。研習論壇第 24 期。民國 91 年 12 月。南投：行政院人事行政局地方研習中心。

80. 謝志誠（2001）主編：社區重建之綱要計畫要覽；財團法人九二一震災重建基金會；民國 90 年 9 月。

81. 謝志誠（2001）主編：原住民聚落規劃要覽；財團法人九二一震災重建基金會；民國 90 年 9 月。

82. 謝志誠（2001）主編：農村聚落規劃要覽。財團法人九二一震災重建基金會；民國 90 年 9 月。

83. 謝志誠（2001）主編：築巢專案系列：回家的路。財團法人九二一震災重建基金會。民國 90 年 11 月。

84. 謝國興（2001）主編：協力與培力：全國民間災後重建聯盟兩年工作紀要。台北：全國民間災後重建聯盟。民國 90 年 9 月。

85. 謝英俊建築師事務所與邵族勞動合作社（2000）：社區及部落重建協力造屋示範計畫。

86. 謝斯昭（2003）：政府行政能力之研究——以重建會災後社區重建為例，國立暨南國際大學公共行政與政策研究所碩士論文。

87. 謝正倫（2000）：我國水土災害防救制度之研究（初稿）。2000年5月。

88. Gore, Al（1993）：From Red To Result：Creating a Government That Works Better and Costs Less.

89. Gore, Al（1994）：Creating a Government That Works Better and Costs Less：Status Report.

90. Gore, Al（1995）：Common Sense Government：Works Better and Costs Less.

91. Gore, Al（1996）：Reinvention's Next Steps ：Governing in a Balanced Budget World. Washington D.C：Government Printing Office.

92. Salamon, Lester M abd Anheier, Helmut（1997）：The Emerging Nonprofit Sector：An Overview Manchester and New York：Manchester University.

93. Schneider，S.K.（1995）：Flirting With Disaster：Public Management in Crisis Situations Armonk，New York：M.E.Sharpe.

94. Peter. H Rossi and Howard E. Freeman（1988）：Evaluation：A Systematic Approach Beverly：Sage Publication P.23-24.

95. Stephan, A S（1935）：Prospects and Possibilities: The New Deal and the new Social Research. Social Forces13.

96. Freeman H. and C.C. Sherwood（1970）：Social Research and Social Policy Englewood, NJ; Prentice-Hall

97. William J. Petak（1985）：Emergency Management: A challenge for Public Administration. Public Administration Review Vol45.

98. R.E. Kasperson and K.D. Pijawka（1985）:Social Response to Hazards and Major Hazard Events Public Administration Review Vo145.

99. Dennis Wenger（1978）：Community Response to Disaster：Functional and Structural Alternatives in Disasters，Theory and Research，Edited by E.L.

100. William J. Petak（1985）：Emergency Management: A challenge for Public Administration. Public Administration Review Vol45.

附錄一

緊急命令

總統八十八年九月二十五日華總一義字第 880022844 令發布

　　查臺灣地區於民國八十八年九月二十一日遭遇前所未有強烈地震,其中台中縣、南投縣全縣受創甚深,台北市、台北縣、苗栗縣、台中市、彰化縣、雲林縣及其他縣市亦有重大之災區及災戶,民眾生命、身體及財產蒙受重大損失,影響民生至鉅,災害救助、災民安置及災後重建,刻不容緩。爰經行政院會議之決議,依中華民國憲法增修條文第二條第三項規定,發布緊急命令如下:

　　一、中央政府為籌措災區重建之財源,應縮減暫可緩支之經費,對各級政府預算得為必要之變更,調節收支移緩救急,並在新台幣八百億元限額內發行公債或借款,由行政院依救災、重建計畫統籌支用,並得由中央各機關逕行執行,必要時得先行支付其一部分款項。

　　前項措施不受預算法及公共債務法之限制,但仍應於事後補辦預算。

　　二、中央銀行得提撥專款,供銀行辦理災民重建家園所需長期低利、無息緊急融資,其融資作業由中央銀行予以規定,並管理之。

　　三、各級政府機關為災後安置需要，得借用公有非公用財產，其借用期間由借用機關與管理機關議定，不受國有財產法第四十條及地方財產管理規則關於借用期間之限制。

　　各級政府機關管理之公有公用財產，適於供災後安置需要者，應即變更為非公用財產，並依前項規定辦理。

　　四、政府為安置受災戶，興建臨時住宅並進行災區重建，得簡化行政程序，不受都市計畫法、區域計畫法、環境影響評估法、水土保持法、建築法、土地法及國有財產法等有關規定之限制。

　　五、中央政府為執行災區交通及公共工程之搶修及重建工作，凡經過都市計畫區、山坡地、森林、河川及國家公園等範圍，得簡化行政程序，不受各該相關法令及環保法令有關規定之限制。

　　六、災民因本次災害申請補發證照書件或辦理繼承登記，得免繳納各項規費，並由主管機關簡化作業規定。

　　七、中央政府為迅速執行救災、安置及重建工作，得徵用水權，並得向民間徵用空地、空屋、救災器具及車、船、航空器，不受相關法令之限制。

　　衛生醫療體系人員為救災所需而進用者，不受公務人員任用法之限制。

　　八、中央政府為維護災區秩序及迅速辦理救災、安置、重建工作，得調派國軍執行。

　　九、政府為救災、防疫、安置及重建工作之迅速有效執行，得指定災區之特定區域實施管制，必要時並得強制撤離居民。

十、受災戶之役男，得依規定徵服國民兵役。

十一、因本次災害而有妨害救災、囤積居奇、哄抬物價之行為者，處一年以上七年以下有期徒刑，得併科新台幣五百萬元以下罰金。

以詐欺、侵占、竊盜、恐嚇、搶奪、強盜或其他不正當之方法，取得賑災款項、物品或災民之財物者，按刑法或特別刑法之規定，加重其刑至二分之一。

前二項之未遂犯罰之。

十二、本命令施行期間自發布日起至民國八十九年三月二十四日止。

附錄二

中華民國八十八年九月二十五日緊急命令執行要點

行政院八十八年十月二十二日台八十八規字第 39077 號令

一、為落實執行中華民國八十八年九月二十五日　總統發布之緊急命令（以下簡稱緊急命令），特訂定本執行要點。

二、緊急命令第一點所定應縮減暫可緩支及調節收支移緩救急之經費項目如下：

◆ 震災發生後已毋須執行者。

◆ 原列計畫本年度可減量辦理且不延至以後年度者。

◆ 原列計畫延長執行年限至以後年度者。

◆ 截至八十八年九月底，經常門已分配尚未支用餘款。

◆ 各項計畫發包贖餘款。

◆ 非核准有案之會費、捐助與分擔。

◆ 非當前迫切需要之設計、研究、訓練、考察、會議及內容貧乏之刊物。

◆ 原預算未列之出國案件及委辦計畫者。

◆ 其他可資撙節者。

三、緊急命令第一點所定救災、重建計畫統籌支用項目如下：

◆　災區緊急救援及搶修。

◆　公共工程之復建。

◆　公共建築之復建。

◆　受災戶之慰助、補貼及減免。

◆　增進災區民眾身心之調適。

前項支用項目之經費執行規定另定之。

四、各級政府機關為安置受災戶需要，依緊急命令第三點及第四點之規定，借用公有非公用土地、建築物或其他工作物者，得於管理機關同意後，先行使用，俟後再辦理借用手續。

各級政府機關出借公有非公用土地、建築物或其他工作物者，應訂定借用契約，明定借用目的、期間、期間屆滿時應無條件返還等內容，並載明應逕受強制執行之意旨，向法院辦理公證。

五、為執行緊急命令第四點之規定，地政業務簡化程序如下：

◆　災區建築物毀損經拆除者，直轄市、縣(市)政府得列冊敘明原因囑託登記機關辦理建物滅失登記。

◆　登記機關於土地登記簿滅失時，依土地法施行法補造之公告期間縮短為七日。

◆　災區土地發生隆起扭曲地裂而變形，與地籍圖界線不符者，應俟都市計畫相關機關辦理整體開發後配合辦理地籍整理，或俟災區相關控制點及圖根點補建完成後據以辦理界址調整。

前項簡化程序作業規定，由內政部定之。

六、為執行緊急命令第四點之規定，營建業務簡化程序如下：

◆ 區域計畫檢討、土地使用分區與使用地變更及容許使用項目之調整等作業，不受區域計畫法有關規定限制。

◆ 都市計畫之擬訂、變更、禁建之程序，不受都市計畫法第八條、第十九條、第二十條、第二十三條、第二十八條、第八十一條等規定限制。

◆ 都市更新地區之劃定、更新計畫、更新事業概要、更新事業計畫及權利變換計畫之擬定、變更及實施，其有關審議、核定及公告、通知、公開展覽之日期，不受都市更新條例第八條、第十條、第十五條、第十九條、第二十九條、第三十二條及第三十六條等規定限制。

◆ 重建之建築行為，不受建築法第二十五條有關建築物非經申請許可，並取得執照，不得建造、使用或拆除等規定限制。

前項簡化程序作業規定，由內政部定之。

七、為執行緊急命令第四點及第五點之規定，進行災區重建及公共工程之搶修、重建工作，經濟業務簡化程序如下：

◆ 災區受損之天然氣輸儲整壓設備，得依原核准路線或位置施工修護，其因橋樑或道路嚴重損毀，短期無法依原核准路線施工，得架設臨時管線，不受公路法第三十條、都市計畫法第二十七條、第二十八條、區域計畫法第十五條、市區道路條例第二十七條、第二十八條及第

三十二條規定之限制。

◆ 災區受損之變電所、電廠、營業處所、儲油槽及加油站之建築物及其營業設備,依原有建造執照施工,不受建築法第二十五條、第七十條及第七十二條等規定之限制。

◆ 災區受損輸電線路之重建及南北第三路三四五仟伏輸電線路之興建,其塔基用地及輸電線路架設工程,得依既有或規劃路線先行使用土地及進行架設工程,如因塔基流失或短期無法復建完成,得移位重建或架設臨時線路,不受都市計畫法第二十七條、第二十八條、區域計畫法第十五條、國有財產法第五十條、水土保持法第十二條、森林法第九條及電業法第五十條、第五十一條等規定之限制。

◆ 堰塞湖得由主管機關依實際需要先行處理,不受環境影響評估法第五條、區域計畫法第十二條、第十五條、區域計畫法施行細則第十二條、非都市土地使用管制規則第十二條及森林法第九條等規定之限制。

◆ 為緊急取水鑿井、緊急疏濬河道及復建需要提供行水區之河川公地予各災區暫時堆置廢棄土、物及為維持交通暢通,施設跨河便橋或便道,或改建、修復或拆除既有跨、穿越水道或水利設施底部建造物,不受水利法第二十八條、第二十九條、第七十二條、第七十二條之一及台灣省河川管理規則第三十一條之限制。

八、政府為安置受災戶，興建臨時住宅並進行災區重建與中央各部會及所屬機關為執行災區交通及公共工程之搶修及重建工作，依緊急命令第四點及第五點之規定，不受水土保持法第十二條至第十四條之限制。但應於搶修或重建後一定期間內，補辦水土保持之處理與維護。

九、中央政府為執行災區交通、公共工程之搶修及重建工作需使用林業用地時，得依緊急命令第五點之規定先行使用，同時通知林業主管機關，不受森林法第六條、第九條至第十一條及第十五條之限制。

十、依緊急命令第四點及第五點所為下列開發行為，免實施環境影響評估：

◆ 安置受災戶之臨時住宅及災區社區、住宅之興建者。

◆ 前款以外之災害復舊緊急性工程者。但其位於斷層帶一定範圍內者，應提出因應對策逕送主管機關審查。

◆ 第一款以外之災害新建緊急性工程者。但其位於國家公園、野生動物保護區、野生動物重要棲息環境或斷層帶一定範圍內者，應提出因應對策逕送主管機關審查。

前項第三款之災害新建緊急性工程，應報目的事業主管機關及主管機關備查。

第一項所稱開發行為，指依一開發行為應實施環境影響評估細目及範圍認定標準一之規定，應實施環境影響評估者。

十一、為執行緊急命令第七點第一項有關向民間徵用之規定，依下列徵用程序及補償標準辦理：

◆　徵用程序：

◆　各縣(市)政府應建立完整有關救災器具及車、船、航空
器等裝備及空地、空屋之資料,以隨時因應徵用事宜。

◆　徵用民間救災器具、車、船、或航空器等裝備,或徵用
空地或空屋,應由中央政府為之;亦得由各縣（市）政
府提出需求後,並由中央政府統籌辦理,提供當地縣
（市）政府使用。

◆　徵用空地、空屋,應於徵用土地現場公告其範圍及期
限,於公告後以書面通知土地、房屋所有權人。

◆　補償標準:受徵用之救災器具、車、船或航空器等裝備,
或空地、空屋之所有人,得請求下列補償:

◆　徵用之車、船或航空器均以政府核定之交通運輸費率標
準補償;無交通運輸費率標準者,參照當地時價標準補
償。

◆　徵用之救災器具,參照當地租金標準按月補償之,不足
一月者,按日計算之。

◆　徵用之救災器具、車、船或航空器等裝備於運用期間遭
受毀損,應予修復;其無法修復時,應按時價並參酌已
使用時間折舊後,給付毀損補償金;致裝備耗損者,應
按時價補償。

◆　徵用之空地、空屋,應予補償。其補償標準,土地按年
依公告土地現值百分之十計算,空屋按年依徵收補償費
百分之十計算。補償費按實際使用月數計算之;不足一

月者，按日計算之；徵用之土地上有農作改良物，且有清除之必要者，應參照農作改良物徵收補償標準補償之。

十二、為執行緊急命令第七點第一項有關徵用水權之規定，得由水權主管機關徵用農業用水及水力發電用水水權，供公共給水使用，其徵用程序及補償標準如下：

◆ 徵用程序：主管機關為迅速執行救災、安置及重建工作，得逕為公告徵用水權。

◆ 補償標準：受徵用之水權人得請求補償，其補償標準由水權主管機關依下列原則核定：

◆ 對農田水利會之補償：以被徵用灌溉用水渠道與建造物維護管理費、水庫營運調配分攤費、替代水源取得成本及處理輪灌、停灌所增加之管理費用等，核實計算。

◆ 對農田水利會會員之補償：以農田水利會公告停灌之面積為限，比照「水旱田利用調整計畫」之補貼標準計算。但已納入「水旱田利用調整計畫」支領補貼者，不得重複領取。

◆ 對水力發電之補償：以其淨發電之損失為限。

十三、政府得依緊急命令第九點之規定，指定災區之特定區域實施管制及強制撤離居民；必要時，應先予通知或公告週知，並提供撤離所需交通工具。

十四、受災戶役男得依規定向戶籍所在地之鄉（鎮、市、區）公所申請徵服國民兵役，其作業規定由內政部定之。

附錄三

九二一震災重建暫行條例

總統八十九年二月三日華總一義字第 8900029730 號令制定公布全文七十五條

總統八十九年十一月二十九日華總一義字第 8900283640 號令公布增訂第十七條之一、第十七條之二、第二十條之一、第二十條之二、第二十一條之一、第二十九條之一、第三十二條之一、第三十三條之一、第三十四條之一、第五十條之一、第五十二條之一及第七十三條之一條文；刪除第二十七條及第三十八條至第四十一條條文；並修正第五條、第八條、第十二條、第十七條、第十八條、第三節節名、第二十條至第二十六條、第三十二條、第三十六條、第三十七條、第四十七條、第五十條、第五十三條、第六十六條、第六十九條、第七十條、第七十二條及第七十三條條文

總統九十年十月十七日華總一義字第 9000202680 號令公布增訂第七十四條之一條文

總統九十二年二月七日華總一義字第 0900020070 號令公布增訂第六十八條之一條文；並修正第十三條、第十七條、第十七條之一、第十九條、第二十二條、第二十三條、第三十三條、第三十四條之一、第三十五條至第三十七條、第四十六條、第五十條、第五十一條、第五十二條之一、第五十三條、第七十條、第七十二條、第七十四條之一及第七十五條條文

第一章　總則

第　一　條　　為有效、迅速推動震災災後重建工作，以重建城鄉、復興產業、恢復家園，特制定本條例。

第　二　條　　災後重建工作，依本條例之規定；本條例未規定者，適用其他法律之規定。但其他法律規定較本條例更有利災後重建者，適用最有利之法律。

第　三　條　　本條例與緊急命令就同一事項規定不一致者，於緊急命令施行期間，依緊急命令辦理。

第　四　條　　本條例用辭定義如下：

一、緊急命令：指　總統於中華民國八十八年九月二十五日以華總一義字第 8800228440 號令發布之命令。

二、震災：指中華民國八十八年九月二十一日於臺灣中部地區發生之強烈地震，及其後各次餘震所造成之災害。

三、災區：指因震災受創之地區。

第　五　條　　為推動災後重建工作，由行政院設置行政院九二一震災災後重建推動委員會，以行政院院長為召集人，召集中央相關部會、災區地方政府及災民代表組成，負責重建事項之協調、審核、決策、推動及監督。其組織及運作由行政院定之。但災民代表不得少於五人。

直轄市、縣（市）、鄉（鎮、市）、村里及社區得設置各該地區九二一震災災後重建推動委員會，負責規劃、協調推動震災重建事項，其組織及運作由內政部會商行政院農業委員會、原住民委員會定之。但災民代表不得少於五人。

前二項重建事項包括生活重建、產業重建、公共建設、社區重建等工作。

村里及社區重建推動委員會得聘請專家、學者參與規劃、諮詢。

第二章　災區社區重建

第一節　地籍與地權處理

第　六　條　災區進行土地重新規劃或整理時，直轄市、縣（市）政府得劃定範圍限制或禁止該範圍內建築；其限制或禁止之期限為三個月，必要時得延長三個月。

第　七　條　因震災發生地層移動，致都市計畫圖已無法適用時，在依法辦理地形圖修測或重新測量及都市計畫圖重新製作前，得參照原都市計畫圖及實地現況，修正都市計畫椿位坐標，實施都市更新、新市區建設、土地使用管制及建築管理。

第　八　條　因震災發生地層移動，致土地界址與地籍圖經界線有偏移時，直轄市、縣（市）地政機關應參酌地籍圖、原登記面積及實地現況辦理測量，並修正地籍圖。

前項土地因震災致界址相對位置變形者，應先由該地政機關通知土地所有權人於三十日內相互協議、調整界址及埋設界標。逾期未完成者，依前項規定逕行調整界址，據以測量。

依前二項完成測量後，土地所有權人對界址仍有爭議時，應以書面提出異議，由該管直轄市、縣（市）政府進行調處。不服調處者，應於收受該調處結果十五日內，提付仲裁或向司法機關訴請處理；逾期未提付仲裁或向司法機關訴請處理者，依原調處結果辦理。

　　土地所有權人依前項規定提出異議，逾三十日未獲該管直轄市、縣（市）政府之調處決定者，得提付仲裁或向司法機關訴請處理。

　　依第一項、第二項之測量結果或第三項之調處結果，其土地面積或界址發生變動者，該地政機關得依職權或當事人一造之申請，逕為辦理土地標示變更登記。

　　災區土地重新實施地籍測量時，得準用前四項規定辦理；其地籍調查及測量方式，由內政部另以辦法定之。

　　第　九　條　　為有效處理前條及第十三條之不動產糾紛，直轄市、縣（市）政府應設置不動產糾紛調處委員會。

　　不動產糾紛調處委員會進行調處時，得請該管地政機關或主管建築機關協助，受請求之機關無正當理由不得拒絕。

　　不動產糾紛調處委員會之委員應由地政、營建、法律專業人員及地方公正人士組成，其組織規程，由內政部定之。

　　第　十　條　　災區建築物經拆除後，所有權人未於規定期間申辦消滅登記者，直轄市、縣（市）政府得列冊敘明原因，囑託登記機關辦理建物消滅登記。

　　第　十一　條　　災區毀損之建築物，其登記名義人非屬現行法令規定之權利主體者，依法辦理重建後，得以原登記名義申辦建物所有權第一次登記。

　　災區毀損之建築物原為祭祀公業所有，且登記為他人名義者，依法辦理重建之建築物，得以祭祀公業名義申辦建物所有權第一次登記。

　　第　十二　條　　災區可供建築之共有土地位於整體開發範圍內者，除

於開發前有共有人過半數及其應有部分合計過半數之反對外,視為同意參加整體開發。開發後之利益,仍按其應有部分分配或登記之。

祭祀公業,其土地位於災區整體開發範圍內者,除於開發前有二分之一以上派下員反對外,視為同意參加整體開發。開發後之利益,為祭祀公業所有,其利益屬不動產者,得以祭祀公業名義登記之。

前項規定,於其他公同共有土地準用之。

第 十三 條　合法建築物因震災毀損者,得由原建築物所有人檢具合法建築物之證明文件,在不超過原建築基地面積及樓地板面積原則下,向直轄市、縣(市)主管建築機關提出重建之申請。

前項所稱合法建築物,指下列情形之一者:

一、有建物登記者。

二、領有建築物使用執照者。

三、該地區實施建築管理前已建造完成者。

合法建築物及其基地非屬同一人所有時,得由原建築物所有人向直轄市、縣(市)主管建築機關提出重建之申請,免檢附土地登記名義人之同意文件。

直轄市、縣(市)主管建築機關受理前項申請時,應即通知土地登記名義人,並將該申請事項刊載於機關所在地之新聞紙連續公告三日。土地登記名義人未於公告期滿後三十日內以書面提出異議者,該管主管建築機關始得審查其申請。

土地登記名義人於前項規定期間內提出異議時,該管直轄市、縣(市)政府應即進行調處,不服調處者,應於收受該結果十五日內,提付仲裁或

向司法機關訴請處理；逾期未提付仲裁或向司法機關訴請處理者，依原調處結果辦理。

　　土地登記名義人於第四項規定期間內提出異議，逾三十日未獲該管直轄市、縣（市）政府調處決定者，應於該三十日期滿後十五日內，提付仲裁或向司法機關訴請處理。仲裁機構或司法機關未為判斷或判決確定前，該管主管建築機關不得審查第三項之申請。

　　第二項第三款規定之合法建築物，其原建築基地面積及樓地板面積之認定方式及原則，由中央主管機關定之。

　　第 十四 條　　災區承租公有基地之建築物，於租賃關係存續期間，因震災毀損而須重建者，得向縣（市）主管建築機關提出重建之申請，免檢附基地登記名義人之同意文件。

　　前項申辦程序、異議處理及重建法律關係，準用前條規定。

第二節　都市地區之重建

　　第 十五 條　　直轄市、縣（市）政府因震災重建，依都市計畫法第八十一條規定辦理禁建時，得免送該管政府都市計畫委員會審議及上級政府核定。但應由各該直轄市、縣（市）災後重建委員會審議。

　　前項禁建命令於公布後，應送上級政府備查。

　　第 十六 條　　因震災重建需要，擬定或變更都市計畫時，計畫草案於公開展覽十五日並辦理說明會後逕送內政部；由內政部召集各相關都市計畫委員會聯席審議後核定，不受都市計畫法第十八條至第二十條、第二十三條、第二十八條規定之限制。

　　前項審議如涉及區域計畫委員會權責時，內政部得一併召集聯席審

議。

第 十七 條　　因震災重建而進行都市更新，得依下列規定辦理：

一、更新地區之劃定及都市更新計畫之擬定或變更，未涉及都市計畫之擬定、變更者，得逕由直轄市、縣（市）政府核定，免送該管政府都市計畫委員會審議；其涉及都市計畫之擬定、變更者，得依前條第一項規定辦理，不受都市更新條例第八條規定之限制。

二、經劃定應實施更新之地區，其土地及合法建築物所有權人得就主管機關劃定之更新單元，或依所定更新單元劃定基準自行劃定更新單元，自行組織更新團體實施該地區之都市更新事業或委託都市更新事業機構實施之，免先擬具事業概要申請核准及舉辦公聽會，不受都市更新條例第十條規定之限制。

三、下列事項之決議，得以更新單元內土地及合法建築物所有權人之人數均超過二分之一，並其所有土地面積及合法建築物總樓地板面積均超過二分之一之同意行之，不受都市更新條例第二十二條有關人數與土地及建築物所有權比例規定之限制：

（一）訂定及變更章程。

（二）會員之處分。

（三）議決都市更新事業計畫擬定或變更之草案

（四）理事及監事之選任、改選或解職。

（五）團體之解散。

（六）清算之決議及清算人之選派。

四、實施者已取得更新單元內全體土地及合法建築物所有權人之同意

者，得免舉辦公開展覽及公聽會，不受都市更新條例第十九條第二項及第三項規定之限制。

五、都市更新事業計畫擬定或變更後，辦理公開展覽之期間得縮短為十五日，不受都市更新條例第十九條第三項規定之限制。

六、以權利變換方式實施都市更新者，其權利變換計畫擬定後，辦理公開展覽之期間得縮短為十五日，不受都市更新條例第二十九條第一項規定之限制。其權利變換計畫與都市更新事業計畫一併辦理者，亦同。

七、實施者實施都市更新事業時，得合併數相鄰或不相鄰之更新單元實施之。

依第三十六條或第三十七條辦理土地交換後取得之建築用地，得劃定為更新單元，依都市更新條例及本條例之規定，辦理更新重建。

第十七條之一　　公寓大廈因震災毀損辦理重大修繕者，得經區分所有權人二分之一以上及其區分所有權比例合計二分之一以上之出席，召開區分所有權人會議，不受公寓大廈管理條例第三十一條第一項規定之限制，重大修繕之決議，應經全體區分所有權人及其區分所有權應有部分合計均超過二分之一同意為之。

依前項決議辦理重大修繕時，區分所有權人不同意決議或同意後不依決議履行其義務者，得由他人先代為出資參與修繕，代為出資之人於出資之範圍內，對於應負擔修繕費用而未出資之區分所有權人之區分所有權及其基地所有權應有部分，得檢附區分所有權人會議決議紀錄、修繕承攬契約及出資證明文件，單獨申請抵押權之登記。

前項重大修繕工作物之承攬人，就承攬關係報酬額，對於其工作所附之區分所有權人之區分所有權及其基地所有權應有部分，得檢附區分所有

權人會議決議紀錄及承攬契約，單獨申請抵押權之登記，不受民法第五百十三條第一項及第三項規定之限制。

第二項就代為出資參與重大修繕所登記之抵押權，優先於成立在先之抵押權，並不受民法第五百十三條第四項有關修繕報酬抵押權優先規定之限制。

第三項就修繕報酬所登記之抵押權，除前項所登記之抵押權外，優先於成立在先之抵押權，不受民法第五百十三條第四項規定之限制。

依第一項決議辦理之重大修繕，其申請建築執照時，免檢附土地或建築物權利證明文件。

因震災受損建築物安全鑑定有重大爭議者，行政院公共工程委員會及內政部應組成建築物安全鑑定小組，受理當事人或主管縣（市）政府提出之鑑定申請；其鑑定結果為最終鑑定，不得再提出異議。

經最終鑑定而取得受災戶資格者，縣（市）政府應在二個月內完成補發慰助金、房租津貼等各項一般受災戶所已得救濟之作業。

第十七條之二　　同一建築基地上有數幢建築物，其中部分建築物因震災毀損，依本條例、都市更新條例或公寓大廈管理條例規定，辦理受損建築物之整建、維護或修繕補強時，得在不變更其他幢建築物區分所有權人之區分所有權及其基地所有權應有部分之情形下，以受損各該幢建築物區分所有權人之人數、區分所有權及其基地所有權應有部分為計算基礎，分別計算其應有之比例。

第　十八　條　　災區建築物因震災重建而適用都市更新條例第四十四條第一項第二款、第四款或第五款之規定者，得不超過該建築基地原建築容積之零點三倍，予以容積獎勵。

前項因獎勵容積所增加之建築高度除因飛航安全管制外，不受建築法及有關法令之建築高度規定限制。

第三節　非都市地區之重建

第 十九 條　　災區鄉村區、山坡地保育區丙種建築用地更新之劃定、實施、獎助及監督，得準用第十七條、第十七條之二、前條及都市更新條例之規定辦理。

第 二十 條　　災區鄉村區、農村聚落及原住民聚落重建，應配合其風貌及居民意願，並得以土地重劃、區段徵收等方式辦理。其重建作業規定，得分別由內政部、行政院農業委員會及原住民族委員會定之。

配合前項重建需要，須辦理非都市土地使用分區及使用地變更時，其面積在五公頃以下者，應由申請人擬具相關文件，向該管縣（市）政府申請，經審查同意後據以核發許可，並辦理土地使用分區及使用地異動登記，不受區域計畫法第十五條之一、第十五條之三及農業發展條例第十條、第十二條規定之限制。

縣（市）政府為審查前項申請變更案件，得成立災區重建非都市土地變更審議小組審查之；必要時，並得與水土保持、環境保護主管機關會同審議。

前二項之申請程序、審議作業規範、審議小組之組成，由內政部會商行政院農業委員會、原住民族委員會及災區縣（市）政府定之。

第二十條之一　　災區受災戶，得於不影響農業生產環境及農村發展之原則下，於農業用地興建農舍，不受農業發展條例第十八條規定之限制。

前項興建農舍之資格、戶數、規模限制、申請程序及其他應遵行事項，

由行政院九二一震災災後重建推動委員會會同內政部及行政院農業委員
會定之。

　　第二十條之二　　災區非都市土地之甲種、乙種或丙種建築用地因提
供政府興建公共設施或辦理道路工程退縮，致其剩餘建築用地畸零狹小
者，土地所有權人得經變更前、後目的事業主管機關同意後，申請將毗鄰
土地變更編定為建築用地。

　　前項申請變更編定之毗鄰土地不得為交通用地、水利用地、古蹟保存
用地、生態保護用地、國土保安用地或工業區、河川區內土地。

　　依第一項規定申請毗鄰土地變更編定，其合併剩餘土地面積以原建築
用地面積為限，且總面積不得超過一百六十五平方公尺。

　　第二十一條　　災區鄉村區、農村聚落及原住民聚落辦理土地重劃
時，其行政業務費、規劃設計費及基本設施工程費，由中央政府負擔。

　　前項基本設施工程，包括道路、雨水下水道與側溝、污水下水道、路
燈及整地等公共設施工程。

　　第二十一條之一　　原住民住宅重建區需改善穩定其基地坡崁及排
水設施時，應由縣（市）政府主管機關辦理規劃設計並公開招標，必要
時，得由原住戶自行依設計圖施工，並由中央政府補助百分之四十五之工
程費。

第四節　協助居民生活重建

　　第二十二條　　縣（市）政府應自行或委託其他機關、社會福利機構
或團體，於各災區鄉（鎮、市）設立生活重建服務中心，提供居民下列服
務：

一、福利服務：對失依老人、兒童少年、身心障礙者、變故家庭、單親家庭、低收入戶、原住民或其他弱勢族群之生活需求，提供預防性、支持性與發展性之服務。

二、心理輔導：提供居民、學校師生及救災人員個別式與團體式之諮商輔導及協助醫療轉介。

三、組織訓練：協助發展社區組織，辦理重建服務人員有關社會福利、心理重建等相關教育與訓練。

四、諮詢轉介：提供居民有關福利措施、就業、法律、申訴、公共建設、產業重建、社區重建及其他重建相關服務與資訊之諮詢、轉介與媒合。

縣（市）政府得視人口密度、受災程度及弱勢需要，增設生活重建服務中心，並應於五十戶以上之臨時住屋聚集處及原住民聚落，設置生活重建服務聯絡站。

生活重建服務中心應配置社工、心理輔導及其他相關專業人員。

生活重建服務中心非專業人員應僱用災民。

第一項各款之服務工作，縣（市）政府得以專案補助社會福利機構或團體執行之。

前項之社會福利機構或團體之審查及監督準則，由主管機關定之。

第二十三條　　各級政府及公益社團於緊急命令期間提供災區居民之臨時住宅，其居住期間以四年為限。必要時，得經立法院決議延長之。

前項臨時住宅，經災區縣（市）政府申請，並經行政院九二一震災災後重建推動委員會同意後，得轉為各種災變之緊急救難中心或弱勢族群之安置屋。

在第一項期間內，居住於臨時住宅之災區居民未能完成住宅重建、重購或另有安置者，不得強制施行拆除其臨時住宅或遷移。

第一項臨時住宅之用地向民間租用者，其租金依當地狀況協議之。但每年以不得超過該用地當期公告土地現值總價額百分之十為限。

第一項及第二項臨時住宅之分配及管理辦法，由內政部定之。

政府得視需要，提供住宅以出租、先租後售或救濟性住宅方式安置受災戶。

前項提供住宅安置受災戶之辦法，由內政部定之。

臨時住宅拆遷辦法必須包含完整拆遷計畫、資源回收及廢物棄置之規定，並優先作為慈善基金團體作為國內及國際捐助之用，其辦法由行政院九二一震災災後重建推動委員會定之。

第二十四條　直轄市、縣（市）勞工行政主管機關應將災區失業者資料提供當地公立就業服務機構，作為推介就業或安排參加職業訓練之依據。

直轄市、縣（市）勞工行政主管機關應辦理災區失業者就業服務及職業訓練資訊之提供及媒合，協助災區失業者就業，對於負擔家計之婦女、中高齡者、身心障礙者、原住民、生活扶助戶中有工作能力者及青少年，應訂定符合其需求之特別職業訓練及就業服務方案。

災區失業者經向公立就業服務機構辦理求職登記，未能推介就業或安排參加職業訓練者，得推介至政府機構或非營利團體從事臨時性工作，並發給臨時工作津貼。

前三項災區失業者之資格、就業服務、職業訓練、臨時工作期間、臨

時工作津貼之請領條件、期間及數額，由行政院勞工委員會另以辦法定之，不受勞動基準法及其相關法規規定之限制。

行政院勞工委員會得以就業安定基金補助災區災民經營勞動合作社，其補助之條件、程序，項目及金額等事項之辦法，由行政院勞工委員會會商行政院九二一震災災後重建推動委員會定之。

第二十五條　　機關辦理未達公告金額之災後重建工程採購，其採公開徵求方式辦理者，應優先由震災前已於重建工程所在地縣市完成登記之廠商承包。但原住民地區優先由原住民廠商承包為原則。

機關辦理災後重建工程採購之得標廠商，應將僱用該工程所需員工人數三分之一以上之災區居民定為契約內容，並送行政院勞工委員會備查。但得標廠商經以合理勞動條件在當地公立就業服務機構辦理招募者，不在此限。

得標廠商未依前項規定僱用災區居民，於履約期間，應定期向就業安定基金專戶繳納代金，作為促進就業之用。其應繳納代金之金額，依差額人數乘以每月基本工資之二倍計算，不足一個月者，每日以每月基本工資除以三十計，依差額人數乘其之二倍計算。經公立就業服務機構推介，而無正當理由拒絕僱用者，依其拒絕僱用人數計算之。

前項應繳納之代金，經限期繳納，屆期仍未繳納者，移送法院強制執行。

各項重建工作，如須僱用人員時，應獎勵優先僱用災區失業者；其獎勵辦法及第三項所稱無正當理由，由行政院勞工委員會定之。

第二十六條　　未成年人有下列情形之一者，法院應依未成年人、檢察官、當地社會福利主管機關、社會福利機構或其他利害關係人之聲請，

以未成年人之最佳利益，就其直系血親尊親屬、家長、三親等內旁系血親、社會福利主管機關、社會福利機構或其他適當之人選定或改定為監護人，並得指定或改定監護之方法，不受民法第一千零九十一條至第一千零九十四條之限制：

一、對於未成年人權利義務之行使負擔由其父母雙方任之，父母雙方均因震災死亡、心神喪失或其他原因致不能行使負擔對於該子女之權利義務者。

二、對於未成年人權利義務之行使負擔僅由其父母一方任之，該一方因震災死亡、心神喪失或其他原因致不能行使負擔對於該子女之權利義務者。

三、未成年人之監護人因震災死亡、心神喪失或其他原因致不能行使負擔對於該未成年人之權利義務者。

監護人有下列情形之一者，法院得依第一項聲請權人之聲請，另行改定監護人：

一、不能行使負擔對於未成年人之權利義務者。

二、有不當之行為者。

三、有不適任之情事者。

四、有其他情事，足認由其監護不符合未成年人之最佳利益者。

法院為前二項裁定時，應請當地社會福利主管機關或其他社會福利機構進行訪視，提出調查報告及建議。聲請人或利害關係人亦得提出相關資料或證據供法院審酌。法院裁定結果與當地社會福利主管機關或其他社會福利機構建議不同時，應敘明理由。

　　法院得依第一項聲請權人之聲請，就未成年人財產之全部或一部，另行指定或改定其管理之方法，並得命監護人代理未成年人設立信託管理之。

　　前項財產管理及信託辦法，由內政部會商法務部及財政部定之。

　　第一項未成年人於法院尚未為其選定監護人確定前，由當地社會福利主管機關任其監護人。

　　第二項之聲請，由檢察官或社會福利主管機關為之者，法院於改定監護人確定前，得先行指定當地社會福利主管機關任其監護人。

　　第二十七條　　（刪除）

　　第二十八條　　災區居民如因心神喪失或精神耗弱致不能處理自己事務者，法院得依社會福利主管機關、社會福利機構或利害關係人之聲請，宣告禁治產。並應參考社工人員之訪視報告，為禁治產人之利益，選定或改定適當之人為監護人，不受民法第一千一百十一條之限制。

　　法院得依前項聲請權人之聲請，就禁治產人財產之全部或一部，另行指定或改定其管理之方法，並得命監護人代理禁治產人設立信託管理之。

　　前項財產管理及信託辦法，由內政部會商法務部及財政部定之。

第五節　文化資產之重建

　　第二十九條　　行政院文化建設委員會應邀集專家學者組成歷史建築復建諮詢委員會，提供災區受損歷史建築修復等相關工作之諮詢服務。

　　第二十九條之一　　災區地方政府辦理因震災受損之古蹟及歷史建築之修復工程，其採購程序分別由內政部及行政院文化建設委員會定之，不受政府採購法之限制。

災區歷史建築之補助獎勵辦法及公有歷史建築之管理維護辦法,由行政院文化建設委員會另定之。

第 三十 條　災區私有歷史建築因震災毀損需貸款復建者,得由行政院文化建設委員會對承辦貸款之金融機構補貼利息。

災區受損之公有歷史建築之所有人或管理人,應編列經費進行修復。所需經費應報經行政院核定。

第一項貸款金額、利息補貼額度及申辦作業程序,由行政院文化建設委員會會商財政部定之。

第三十一條　災區歷史建築經登錄者,得減徵地價稅、房屋稅二分之一及減半計入遺產總額課徵遺產稅。

前項減徵規定,於歷史建築之登錄經主管機關註銷後,停止適用。

第六節　重建用地配合措施

第三十二條　直轄市、縣(市)政府推動災區社區重建,涉及都市計畫之擬定或變更者,得於實施區段徵收後再行配合辦理,不受都市計畫法第五十二條規定之限制。

前項區段徵收地區內之公有土地,應先行提供該管區段徵收主管機關統籌規劃,並優先作為道路、溝渠、公園、綠地、兒童遊樂場、廣場、停車場、體育場所及國民學校等公共設施用地,俟都市計畫程序完成後,無償撥用予直轄市、縣(市)政府使用,不受土地徵收條例第四十三條第一項規定之限制。

第一項以區段徵收取得之可供建築土地,直轄市、縣(市)政府得以讓售、委託、合作開發、出租或設定地上權等方式,提供社區重建之實施

者或開發機構依法開發利用，或作為安置、配售受災戶使用。

第三十二條之一　　直轄市、縣(市)政府為安置受災戶所興建之臨時住宅，如需使用公有土地時，得辦理借用，不受國有財產法第四十條及地方公有財產管理法令有關借用規定之限制。

前項借用之土地，借用機關於借期屆滿後，應騰空交還。

第三十三條　　政府為安置受災戶開發新社區或實施以地易地，選定公營事業土地時，應先協議價購，協議不成得實施徵收，並於用地取得後，再行辦理都市計畫或非都市土地使用分區之擬定或變更，不受土地法第二十五條及都市計畫法第五十二條規定之限制。但公營事業土地為已核定興建或使用中之重要建設工程用地者，不得協議價購或徵收。

前項被徵收土地應補償之地價，以徵收當期之公告土地現值為準，必要時，得加成補償之；其加成補償標準，由當地直轄市、縣（市）政府參考一般正常交易價格，提交地價評議委員會評定。

公營事業土地以外之私有土地經選定適合辦理安置受災戶開發新社區，且該土地所有權人同意讓售者，得依前項規定之補償標準予以價購，並免徵土地增值稅。

第一項及前項所取得之土地，依第三十二條第三項或第三十六條規定辦理。

第三十三條之一　　因震災發生土地位置擠壓變形，致土地無法為原來之使用或面積減少達百分之十以上，土地所有權人得向直轄市或縣（市）政府申請以災前土地登記簿記載之面積，參與土地重劃或區段徵收計畫。

直轄市或縣（市）政府辦理前項土地重劃或區段徵收時，得擇不相連之公有土地，納入計畫範圍辦理，其因震災而減少之土地面積，由計畫範

圍內之未登記土地及公有土地抵充之。

第三十四條　　以土地重劃方式辦理災區社區更新者，重劃區內原公有非公用土地得指配為共同負擔之公共設施用地。

第三十四條之一　　政府為安置受災戶以土地重劃或區段徵收方式開發新社區時，應於計畫區內依實際需要集中劃設安置受災戶所需之土地範圍；其可供建築使用面積，以該開發區可建築用地面積之百分之五十為限，不受平均地權條例、土地徵收條例、農村社區土地重劃條例及其相關法規規定，發還原土地所有權人土地面積比例及按原位次、原街廓分配之限制。

依前項規定提供安置受災戶使用之可建築用地，致原土地所有權人分配之土地低於原依平均地權條例、土地徵收條例、農村社區土地重劃條例規定等應配得之土地部分，政府應依開發後評議地價補償之。

區內之公有土地及公營事業機構所有土地，優先指配為安置受災戶所需用地。

受災戶申請配售新社區所得之土地面積，應依受災戶災前原建築樓地板及土地面積之比例，分等級讓售。

公寓大廈因震災毀損並經拆除者，於其建築基地無法以市地重劃、區段徵收、都市更新或其他方式辦理重建者，得以其災前原有整筆建築基地移轉於政府，以抵充其依前項申請配售土地應繳之金額，其價值以災前正常交易價格及開發後評議地價標準計算之。

前五項有關新社區開發面積、安置受災戶土地範圍之劃設、可建築用地之指配、補償、受災戶申請配售土地及以原有建築基地抵充配售土地應繳金額等相關作業之辦法，由內政部定之。

第三十五條　　社區重建之實施者或開發機構所需用之公有非公用土地，得向該土地管理機關申請租用或設定地上權，不受土地法第二十五條及公產管理法規相關規定之限制。

前項社區重建實施者或開發機構為政府機關時，其興建地上建物之處分及計價，不受土地法第二十五條、國有財產法及公產管理法規相關規定之限制。

政府為安置受災戶開發新社區，得價購公有非公用土地，其地價以當期之公告土地現值為準，不受國有財產法第五十八條與其財產計價方式及公產管理法規相關規定之限制。

政府為安置受災戶開發新社區取得之土地，於開發完竣後，其土地及地上建物之處分及計價，不受土地法第二十五條、國有財產法及公產管理法規相關規定之限制。

第三十六條　　災區原已建築使用之私有建築用地經變更為非建築用地，且災後未獲配國民住宅或其他政府所興建之住宅者，得申請與鄰近國有非公用建築用地辦理交換，政府應協助完成。

基地所有權人交換其共有土地之應有部分時，他共有人不得主張土地法第三十四條之一第四項有關優先承購之規定。

第一項交換應以價值相當為原則，其價值依災前最近一期公告土地現值計算。但供交換之國有土地係經專案變更為可供建築用地者，其價值應由財政部國有財產局參酌鄰近可供建築用地災前最近一期公告土地現值辦理查估。

第一項交換預算之編列，以淨額方式辦理。交換所需各項稅費，由雙方依相關法令各自負擔。

第一項交換作業辦法，由財政部擬訂，報請行政院核定。

各級地方政府所管之直轄市有、縣（市）有、鄉（鎮、市）有非公用土地，得準用前項辦法。

第三十七條 公寓大廈因震災毀損致居民死亡者，於震災發生時起四年內，其建築基地無法以市地重劃、區段徵收、都市更新或其他方式辦理重建，且災後未獲配國民住宅或其他政府所興建之住宅者，該基地所有權人得準用前條規定申請用地交換。但以基地原有建築物已拆除者為限。

第七節 鼓勵民間參與建設

第三十八條 （刪除）

第三十九條 （刪除）

第三章 租稅與融資之配合措施

第一節 租稅減免

第 四十 條 （刪除）

第四十一條 （刪除）

第四十二條 公司投資於災區內經指定之地區達一定投資金額或增僱一定人數為員工者，得按其投資金額百分之二十限度內，抵減當年度應納營利事業所得稅額；當年度不足抵減時，得在以後四年度內抵減之。

前項投資抵減之適用範圍、抵減率、地區、申請期限、申請程序、施行期限、核定機關及其他相關事項，由經濟部會商有關機關擬訂，報請行政院核定。

第四十三條　　營利事業因震災遭受之損失，未受保險賠償部分，得於有課稅所得之年度起五年內攤列為費用或損失。

第四十四條　　因震災致財產遭受損失者，其本人及配偶與受扶養親屬得憑稽徵機關核發之災害損失證明，申報當年度綜合所得稅災害損失列舉扣除額；當年度無所得可資扣除，或扣除不足者，得於以後三年度內扣除之。但受有保險賠償部分，不得扣除。

第四十五條　　因震災自政府領取之慰助金、撫恤金、死亡補償、安置或其他補助費，得免併入綜合所得總額課徵所得稅；其自民間領取之其他震災捐助金等，每人每年合計數不超過二十萬元者，亦同。

第四十六條　　災區內之土地及建築物，依下列規定減免房屋稅及地價稅：

一、因震災毀損經政府認定者，於震災發生時起至重建開始止，免徵房屋稅及地價稅；其地價稅之免徵期間最長三年。但公寓大廈原地重建，無法於震災發生時起三年內達成協議進行重建，其地價稅之免徵期間得延長至本條例施行期間屆滿止。

二、前款房屋就地重建或其建築基地與公有土地交換重建者，於重建期間該房屋建築基地，免徵地價稅。但未依主管建築機關核定之建築期限完成者，依法課徵之。

三、無償供給受災戶使用之臨時搭建房屋及該房屋建築基地，在使用期間免徵房屋稅及地價稅。

災區土地與公有土地交換重建，而移轉土地所有權者，其應繳納之土地增值稅，准予記存，於交換取得之土地再移轉時，一併繳納之。

房屋因震災毀損經拆除，其基地於震災發生前符合土地稅法自用住宅

用地規定者，自震災發生日起五年內仍視為自用住宅用地。但自震災發生之日起已移轉或重建完成者，不適用之。

第四十七條　　災區都市更新事業計畫範圍內重建區段之土地，經全體土地及合法建築物所有權人同意，以協議合建方式實施都市更新事業者，得準用都市更新條例第四十六條第三款至第六款規定，減免土地增值稅及契稅。

災區非都市土地重建區段之土地適用前項規定。

第四十八條　　災區祖先遺留之共有土地經整體開發後，第一次土地移轉時，得減免土地增值稅。其減免之規定，由財政部會同內政部定之。

第二節　　融資優惠

第四十九條　　金融機構對房屋因震災毀損經政府認定者，於震災前已辦理之擔保借款，因本金償還期限展延五年致其放款期限超過三十年者，不受銀行法第三十八條規定之限制。

第 五十 條　　金融機構對房屋因震災毀損經政府認定者，於震災前已辦理之擔保借款，其本金利息經合意得展延之，其貸款利率並隨金融機構利率下降而調整，該展延利息總額得於借款存續期間內分期攤還。

前項擔保借款之利息，由借款人負擔年利率百分之三，其與原擔保借款利息之差額，由社區重建更新基金補貼之。

前項補貼作業程序及期間，由內政部會商財政部定之。

第五十條之一　　金融機構對產業原有廠房、營業場所及生產設備因震災毀損，經各該產業目的事業主管機關出具受損證明文件者，於震災前已辦理之擔保借款，其利息經合意展延時，得由各產業目的事業主管機關

對承貸之金融機構於利息展延期間之損失予以補貼。

前項所稱產業指農業、工業、商業及服務業等各行業。

第一項損失補貼之計算及申辦作業程序，由各產業目的事業主管機關會商財政部定之。

第五十一條　　災區原住民保留地之房屋，因震災毀損須貸款重建者，得由原住民族綜合發展基金提供擔保，其實施對象、適用範圍及適用程序，由行政院原住民族委員會定之。

第五十二條　　災區低收入戶未申請政府優惠融資或其他補助，經金融機構核放創業融資貸款者，得由內政部對承辦該貸款之金融機構補貼利息，其貸款金額不得超過新臺幣一百萬元。

前項利息補貼額度及申辦作業程序，由內政部會商財政部定之。

第五十二條之一　　公寓大廈因震災毀損辦理原地重建，經不同意重建決議或同意後不依決議履行之區分所有權人出讓其區分所有權及其基地所有權應有部分，或建築物拆除後，經不參與重建之土地共有人出讓其應有部分，並經金融機構核放融資貸款於該受讓人者，得由內政部辦理對該承辦金融機構補貼利息。

前項之受讓人，視為同意重建。

第一項利息補貼額度及申辦作業程序，由內政部會商財政部定之。

第五十三條　　災區居民得經原貸款金融機構之同意，以其因震災毀損而經政府認定之房屋及其土地，抵償原貸款債務。金融機構承受該房屋及土地者，得在緊急命令第二點相關規定之緊急融資利息補貼範圍內予以補助之。但已供緊急融資貸款設定抵押者，不適用之。

　　金融機構承購、處置前項之房屋或土地,不受銀行法第七十五條及第七十六條規定之限制。

　　第一項補助之範圍、方式及程序,由行政院定之。

　　經依緊急命令第二點有關規定核貸緊急融資辦理購屋或重建貸款之災區居民,於貸款存續期間內,出售所購或重建之房屋並另購或另建住屋者,得申請更換原貸款之擔保,並繼續適用優惠貸款利率。

　　依第五十四條規定辦理利息補貼之原購屋貸款,於依緊急命令第二點相關規定之優惠貸款額度範圍內,其原購屋貸款利息與該條補貼之利息及依該優惠貸款規定應由借款人負擔之利息之差額,由社區重建更新基金補貼之。

　　公寓大廈原地重建採都市更新方式重建時,為達強震區耐震規定,得由政府融資鼓勵以鋼骨為之。

　　前項融資額度及利息補貼作業程序,由內政部會商財政部定之。

　　第五十四條　　災區居民因震災毀損而經政府認定之房屋及其土地之原購屋貸款,得先依緊急命令第二點相關規定之優惠貸款額度範圍內,予以利息補貼,如有餘額仍得適用緊急命令第二點相關規定。

第四章　行政程序之執行與簡化

第一節　地政、營建與經濟業務簡化程序

　　第五十五條　　不動產登記名義人因震災死亡,其繼承人辦理不動產繼承登記時,得免檢附遺產稅繳(免)納證明書。

　　依前項規定辦理不動產繼承登記者,於遺產稅未繳清前不得處分或設

定負擔。但申請政府災區優惠貸款而設定抵押權者,不在此限。

前項情形,登記機關應於土地登記簿及建物登記簿其他登記事項欄加註之。

第五十六條　不動產登記名義人因震災死亡,其繼承人於繼承開始之日起一年內申辦繼承登記者,得免繳納登記規費。

第五十七條　建築物因震災毀損,其建造、使用及拆除之管理程序得以簡化,不受建築法第二十五條第一項前段有關建築物非經申請許可並取得執照不得建造、使用或拆除等規定之限制,其簡化規定,由內政部定之。

第五十八條　災區建築物重建,其選用政府訂定之各種標準建築圖樣及說明書申請建築者,得免由建築師設計及簽章,並得予以獎勵。

前項標準建築圖樣及說明書應經公開甄選。

第五十九條　因震災受損須進行輸電線路之重建或南北第三路三四五仟伏輸電線路之興建,其塔基用地及輸電線路架設工程,得依既有或規劃路線先行使用土地及進行架設工程;其因塔基流失或短期無法復建完成,得移位重建,不受國有財產法第五十條及電業法第五十條、第五十一條規定之限制;其工程用地之取得,不受都市計畫法第五十二條及土地法第二十五條之限制。

電業進行第一項所定輸電線路之重建或興建,依水土保持法第十二條至第十四條規定應先擬具水土保持計畫者,得以簡易水土保持申報書代替水土保持計畫,由經濟部會同行政院農業委員會審核及監督。

第　六十　條　水利主管機關執行因震災致水道防護設施毀損之改建或修復,得逕行變更其水道治理計畫線、堤防預定線,並設置相關設施,

不受水利法第八十二條規定之限制。

第二節 水土保持與環境影響評估簡化程序

第六十一條 各級政府機關興建或經其核准興建受災戶臨時住宅、重建社區、重建災區交通、教育及其他公共工程、採取重建所需砂石、或設置土石方資源堆置處理場,依水土保持法第十二條至第十四條規定應先擬具水土保持計畫者,得以簡易水土保持申報書代替水土保持計畫,由該目的事業主管機關會同同級水土保持主管機關審核及監督。

第六十二條 各級政府機關執行災區交通及其他公共工程之重建或輸電線路之重建、興建,得依下列規定辦理:

一、為維持交通順暢,得逕於河川區域內施設跨河道便橋、便道,或改建、修復、拆除既有跨、穿越水道或水利設施底部建築物,不受水利法第七十二條、第七十二條之一規定之限制。但改建或修復者,仍應於施工前將其設計圖說送水利主管機關備查。

二、重建、興建需使用林業用地,應依森林法第六條、第九條至第十一條、第十五條及第二十五條之規定辦理者,得簡化行政程序,相關程序由行政院農業委員會定之。

第六十三條 各級政府機關興建或經其核准興建受災戶臨時住宅、重建社區或重建災區交通、教育及其他公共工程,依環境影響評估法應實施環境影響評估者,得以提出環境影響因應對策替代環境影響說明書送審,不受環境影響評估法第七條第三項及第八條至第十三條規定之限制。

第六十四條 環境污染防治設施因震災損害致影響正常運作,其排

放污染不符排放標準者，得檢具證明文件並提出改善計畫，申請環境保護主管機關依受害程度核定改善期限，於改善期間得免予處罰。

前項申請應於本條例施行日起三個月內為之，改善期間最長不得逾六個月，必要時得申請延長。但以一次為限。

第三節　徵用民間財產及水權程序

第六十五條　　各級政府機關因重建工程或相關措施所需，得繼續徵用緊急命令期間所徵用之物料或人員，至中華民國八十九年十二月三十一日止。

前項繼續徵用之補償，依緊急命令期間徵用之補償標準辦理。

第六十六條　　因應安置受災戶及重建工作所需或災區土地有發生崩坍、地滑或土石流之虞，須實施水土保持處理工程者，中央政府機關得徵用私有土地或土地改良物。

依前項規定辦理時，應於徵用土地或土地改良物現場公告其範圍及期限，並以書面通知土地或土地改良物所有權人及使用人。

第一項徵用之土地或土地改良物所有權人，得請求徵用機關發給補償費；其每年補償費，土地應依土地公告現值百分之十計算，土地改良物依徵收補償費百分之十計算。徵用期間不足一年者，按實際使用月數計算；不足一月者，按日計算。

依第一項規定徵用之私有土地，其土地改良物必須拆除或未能回復為徵用前之使用者，應參照該土地改良物徵收補償標準補償之；徵用之私有土地未能回復為徵用前之使用者，得依法徵收之。

第六十七條　　水利主管機關為因應重建期間公共給水所需，得徵用

水權，其補償標準如下：

一、對農業用水之補償：

對農田水利會之補償：以被徵用灌溉用水渠道與建造物維護管理費、水庫營運調配分攤費、替代水源取得成本及處理輪灌、停灌所增加之管理費用等計算。

對農民之補償：以水利主管機關公告停灌之面積為限，比照水旱田利用調整計畫之給付標準計算。但已納入該計畫支領給付者，不得重複領取。

二、對水力發電用水之補償，以其淨發電之損失為限。

第五章　重建經費籌措

第六十八條　　各級政府機關為辦理災後重建計畫，所需經費得報經行政院核定後，在各該機關原列預算範圍內調整支應，不受預算法第六十二條及第六十三條規定之限制。

第六十八條之一　　各級政府機關為處理與震災具有相當因果關係之災害土石，得以收支併列執行，其賸餘經費並得專款專用作為該河川流域因崩塌、洪水及土砂造成災害之公共工程經費。

第六十九條　　緊急命令規定在新臺幣八百億元限額內發行公債或借款及其支用，得繼續適用至中華民國八十九年十二月三十一日，不受預算法及公共債務法之限制。但仍應補辦手續。

中華民國九十年度災區復建所需經費新台幣一千億元，應循特別預算程序辦理，不受預算法及公共債務法之限制。其後不足部份，應循年度預算程序辦理。但重建總經費不得低於新台幣二千億元。

第 七十 條　　　行政院為配合災區重建,應設置社區重建更新基金,為下列各款之運用:

一、補助災區社區開發、更新規劃設計費。

二、撥貸辦理災區社區開發、更新地區內土地取得及地上物拆遷補償,並得補助必要性公共設施之用地取得、地上物拆遷補償及工程經費。

三、撥貸辦理災區社區開發、更新地區開發興建。

四、投資社區開發、更新有關重要事業或計畫。

五、補助災區個別建築物重建規劃設計費。

六、撥貸辦理災區個別住宅重建。

七、補助政府依第二十三條第六項規定辦理所需之費用。

八、重建推動委員會所需之經費。

九、生活重建相關事項。

十、文化資產之修復。

十一、低收入戶創業融資貸款之利息補貼。

十二、受讓公寓大廈區分所有權人產權貸款之利息補貼。

十三、依第五十三條第五項規定辦理之利息補貼。

十四、因震災毀損有爭議之建築物,經第十七條之一第七項所為之鑑定,或提起民、刑事訴訟之鑑定費用補助。

十五、管理及總務支出。

十六、其他有關支出。

社區重建更新基金之來源，為中央政府循預算程序之撥入款、民間捐贈收入、融資利息收入、本基金之孳息收入、投資開發更新社區之收益及其他經行政院核定撥入之款項。

社區重建更新基金之收支、保管及運用辦法，由行政院定之。

社區重建更新基金須在中華民國九十年度中央政府總預算通過後二個月內完成設置。

第六章　附則

第七十一條　　於緊急命令施行期間內，犯緊急命令第十一點所規定之罪者，於緊急命令施行期滿後，仍適用緊急命令第十一點之規定處罰。

第七十二條　　災區居民因震災致建築物毀損而受損害，提起民事訴訟者，暫免繳納裁判費。

前項債權人聲請假扣押者，經釋明請求及假扣押之原因後，法院得於必要範圍內，命免供擔保為假扣押，不受民事訴訟法第五百二十六條第二項及第三項規定之限制。

第一項債權人，聲請強制執行者，免繳執行費。

災區臨時住宅住戶與出借機關簽訂之借住契約，於辦理公證時，免繳公證費用。但公證法第一百二十七條及第一百二十八條所定費用，不在此限。

第七十三條　　前條第一項訴訟所需鑑定費用，應由災民先行繳納者，由社區重建更新基金先行墊支。

前項墊支之鑑定費用，於經法院判決應由建築物起造人或建築業者負擔之範圍內，該災民之債權讓與於社區重建更新基金之管理單位。

第七十三條之一　毀損之住宅有起造人或建築業者未依照建築法令規定施工情事者，各級政府應協助受災戶進行民事或刑事訴訟。

第七十四條　中華民國八十八年十月二十二日於嘉義地區發生之強烈地震及其後各次餘震所造成之災害，其重建工作得準用本條例之規定辦理。

第七十四條之一　本條例施行期間，災區居民、產業及公共設施因其他重大天然災害所致之損害與震災具有相當之因果關係者，經行政院同意後，其重建工作得準用本條例之規定辦理，所需經費由各級政府依法辦理支應，並得在各該機關震災重建預算範圍內調整支應，不受預算法第六十二條及第六十三條規定之限制。

第七十五條　本條例自公布日施行，施行期間自生效日起算五年。

本條例施行期限，於到期前經立法院同意，得再延長一年。

謝啟：研究期間，承蒙《行政院九二一震災災後重建推動委員會》補助部分研究經費，特此致謝。

國家圖書館出版品預行編目

九二一重建政策解析 ＝ Policy analysis on 921 reconstruction /
　　　　　鍾起岱著. 一版
　　　臺北市：秀威資訊科技, 2003[民 92]
　　　面 ； 　公分. -- 參考書目：245-254 面
　　　ISBN 978-957-28593-5-3(平裝)
　　　1. 震災－管理
　　　2. 災難管理

548.317　　　　　　　　　　　　　　92009076

 社會科學類　AF0003

九二一重建政策解析

作　　者 / 鍾起岱
發 行 人 / 宋政坤
執行編輯 / 林秉慧
圖文排版 / 張慧雯
封面設計 / 黃偉志
數位轉譯 / 徐真玉　沈裕閔
圖書銷售 / 林怡君
網路服務 / 徐國晉
出版印製 / 秀威資訊科技股份有限公司
　　　　　台北市內湖區瑞光路 583 巷 25 號 1 樓
　　　　　電話：02-2657-9211　　　傳真：02-2657-9106
　　　　　E-mail：service@showwe.com.tw
經 銷 商 / 紅螞蟻圖書有限公司
　　　　　台北市內湖區舊宗路二段 121 巷 28、32 號 4 樓
　　　　　電話：02-2795-3656　　　傳真：02-2795-4100
　　　　　http://www.e-redant.com

2006 年 7 月 BOD 再刷
定價：380 元

讀 者 回 函 卡

感謝您購買本書，為提升服務品質，煩請填寫以下問卷，收到您的寶貴意見後，我們會仔細收藏記錄並回贈紀念品，謝謝！

1.您購買的書名：＿＿＿＿＿＿＿＿＿＿＿＿＿＿＿＿＿＿＿

2.您從何得知本書的消息？

　　□網路書店　　□部落格　　□資料庫搜尋　　□書訊　□電子報　□書店

　　□平面媒體　□ 朋友推薦　□網站推薦 □其他＿＿＿＿＿＿

3.您對本書的評價：(請填代號　1.非常滿意 2.滿意 3.尚可 4.再改進)

　　封面設計＿＿　版面編排＿＿　內容＿＿　文/譯筆＿＿　價格＿＿

4.讀完書後您覺得：

　　□很有收獲　□有收獲　□收獲不多　□沒收獲

5.您會推薦本書給朋友嗎？

　　□會　□不會，為什麼？　＿＿＿＿＿＿＿＿＿＿＿＿＿＿

6.其他寶貴的意見：＿＿＿＿＿＿＿＿＿＿＿＿＿＿＿＿＿＿

　　＿＿＿＿＿＿＿＿＿＿＿＿＿＿＿＿＿＿＿＿＿＿＿＿＿＿

　　＿＿＿＿＿＿＿＿＿＿＿＿＿＿＿＿＿＿＿＿＿＿＿＿＿＿

　　＿＿＿＿＿＿＿＿＿＿＿＿＿＿＿＿＿＿＿＿＿＿＿＿＿＿

讀者基本資料

姓名：＿＿＿＿＿＿＿＿＿＿　年齡：＿＿＿＿　性別：□女 □男

聯絡電話：＿＿＿＿＿＿＿＿　E-mail：＿＿＿＿＿＿＿＿＿＿

地址：＿＿＿＿＿＿＿＿＿＿＿＿＿＿＿＿＿＿＿＿＿＿＿＿

學歷：□高中(含)以下　　□高中　　□專科學校　　□大學

　　　□研究所(含)以上 □其他＿＿＿＿＿＿＿＿

職業：□製造業 □金融業 □資訊業 □軍警 □傳播業 □自由業

　　　□服務業 □公務員 □教職　　□學生 □其他＿＿＿＿＿

秀威與 BOD

BOD（Books On Demand）是數位出版的大趨勢，秀威資訊率先運用 POD 數位印刷設備來生產書籍，並提供作者全程數位出版服務，致使書籍產銷零庫存，知識傳承不絕版，目前已開闢以下書系：

一、BOD 學術著作—專業論述的閱讀延伸
二、BOD 個人著作—分享生命的心路歷程
三、BOD 旅遊著作—個人深度旅遊文學創作
四、BOD 大陸學者—大陸專業學者學術出版
五、POD 獨家經銷—數位產製的代發行書籍

BOD 秀威網路書店：www.showwe.com.tw
政府出版品網路書店：www.govbooks.com.tw

　　永不絕版的故事・自己寫・永不休止的音符・自己唱